Blick voraus!

Blick vörruut!

© Christiane Jenemann

Leeve Halliglüüd, liebe Halligfreunde und Gäste!

In diesem Jahr steht das Thema Zukunft im Mittelpunkt des Halligmagazins. Wie stellen sich die Halliglüüd das Halligleben in 100 Jahren vor, haben wir gefragt **>ab 20.** Eine spannende Frage, die deutlich macht, dass es ganz unterschiedliche Vorstellungen und Erwartungen gibt, wie Halligleben in der Zukunft aussehen kann. Kreative Visionen der Halligkinder, in denen Flugschuhe und Shopping-Center eine Rolle spielen haben genauso ihren Platz wie die verhaltene Frage, ob es die Halligen langfristig überhaupt noch geben wird? Die Biosphäre Halligen feiert 2015 ihr zehnjähriges Bestehen. Wir berichten, mit welchen Projekten die Biosphäre in den letzten Jahren versucht hat, die Weichen für die Zukunft zu stellen **>ab 58.**

Diese Ausgabe wird die letzte Ausgabe von **Wir Halliglüüd** sein. Trotz großem Engagement vieler und einer interessierten Leserschaft wurde deutlich, dass die Logistik und Vermarktung des Magazins durch die Biosphäre leider langfristig nicht zu leisten sind. Das Magazin hat in den letzten Jahren gezeigt, wie bunt das Leben in der Biosphäre Halligen sein kann. Unser herzlicher Dank gilt allen, die zum Gelingen dieses Projektes beigetragen haben!

Bleibt ein letztes Mal zu wünschen: Viel Spaß beim Durchblättern und Entdecken!

Ruth H.-Kruse   und   *Matthias Piepgras*

Ruth Hartwig-Kruse   Matthias Piepgras

Vorsitzende der Biosphäre Halligen

Durchgeblättert
Döörblädert

Halligwarft der Zukunft
Halligschüler als Architekten **26**

Strom und Wasser

Herausforderung Mitten im Meer 12

Rettungsübung

Praxis für den Ernstfall 84

„Wir Halliglüüd" würde auf Platt-
deutsch „Wi Halliglüüd" heißen.
Und *auf der anderen Seite des Watts?*
„Op de anner Siet vun dat Watt."
Damit uns auch Festländer verstehen,
schummeln wir ein bisschen.

Nicht jede Weiche für die Zukunft der Halligen ist so
kinderleicht zu stellen wie dieses Exemplar im Lorengleis

Blick voraus!

Der Blick in die Zukunft hat eine Faszination. Zu allen Zeiten der Geschichte hatten die Menschen ihre Methoden mit denen sie glaubten, der Zukunft etwas von ihrem Geheimnis abringen zu können. Ob es nun das einfache Handlesen oder die teuer bezahlten Sterndeuter waren – es sollte möglich werden, die Zukunft positiv zu beeinflussen.

Auch die Halligen stehen vor der Herausforderung, in der Zukunft überlebensfähig zu bleiben. Da sind die äußeren Einflüsse, denen es zu trotzen gilt. Hier draußen im Watt gibt das Meer den Ton an und hat über Jahrhunderte den Lauf der Dinge bestimmt. Früher konnten die Halligbewohner meist nur im Nachhinein auf die zerstörerischen Naturereignisse reagieren. Nicht selten hieß das, die Hallig zu verlassen und sich einen neuen Lebensraum zu suchen. Einige Halligleute schlossen sich sogar den Auswanderern nach Amerika an.

Komplizierte Berechnungen als Schutz vor den Launen der Natur

Heute versucht man mit komplizierten Berechnungen von Wasserständen und Wellenverläufen der Natur voraus zu sein, um Vorkehrungen gegenüber den Launen der Natur treffen zu können. Wie müssen Warften und Häuser beschaffen sein, damit sie auch in den nächsten Jahrzehnten den Bewohnern Sicherheit bieten? Welcher Wohnraum wird gebraucht? Wie können die Existenzgrundlagen der Bewohner gesichert werden? All das sind Fragen, mit denen Politik, Küstenschutz und Halliggemeinden intensiv beschäftigt sind.

Doch neben den äußeren Faktoren gibt es für eine Gesellschaft auch innere Entwicklungen, die bewältigt werden müssen, damit ein gutes Gemeinschaftsleben zukünftig möglich ist. Lange waren die Halligen eher vom Festland abgeschlossene Lebensräume. Familien lebten und leben zum Teil mit einer jahrhundertealten Tradition auf den Halligen – man blieb eher unter sich. Wie überall in kleinen Gesellschaften, so ist es auch auf den Halligen verständlich, dass die Bedenken vor Veränderungen groß sind.

Zukünftig wird das alte Lebensmodell, nach dem man auf der Hallig geboren wird und bis zum Lebensende dort verbleibt, wahrscheinlich nicht mehr für die Mehrheit der Bevölkerung gelten. Es wird immer mehr Leute geben, die die Halligen nur für einen bestimmten Lebensabschnitt ihr Zuhause nennen werden. Toleranz und Offenheit für unterschiedlichste Lebensentwürfe sind hier gefragt.

Der Erhalt der Halligen erfordert Dialog- und Kompromissbereitschaft

Auch fordert der grundsätzliche Erhalt der Halligen ein großes Maß an Dialog- und Kompromissbereitschaft von den Halligbewohnern. Die Existenz der Halligen ist nur durch die Solidarität der Bevölkerung und durch erhebliche Willensanstrengungen der Politik zu sichern. Die Halligbevölkerung wäre aufgrund ihrer geringen Zahl niemals in der Lage, autark ihre notwendige Infrastruktur zu finanzieren. Daher müssen die Gemeinden immer gute Lösungen im Zusammenspiel mit Politik und Küstenschutz finden.

Die Herausforderungen sind vielfältig. Wir haben uns mit dieser Ausgabe auf die Suche gemacht, welche Wünsche und Befürchtungen es bei den Halligbewohnern gibt, wenn sie an die Zukunft denken. Auch gibt es auf den Halligen einige Projekte, um das Halligleben der Zukunft aktiv zu gestalten, die wir gerne vorstellen wollen. Wie sagte schon der Grieche Perikles: *„Es kommt nicht darauf an, die Zukunft vorauszusagen, sondern auf sie vorbereitet zu sein."*

© Helmut Wiege

Strom und Wasser –
Startschüsse ins moderne Halligleben

Die Anschlüsse an die Strom- und Wasserversorgung waren neben den Sturmfluten die Ereignisse des 20. Jahrhunderts, welche das Halligleben grundlegend verändert haben. Doch meist ist schon vergessen, welchen Aufwand es bedeutet hat und noch bedeutet, damit täglich Strom und Wasser unbegrenzt zur Verfügung stehen.

Energie aus der Steckdose

Ungefähr 47km Seekabel wurden im Wattenmeer für die Stromversorgung der Halligen verlegt. Hooge (1959) und Nordstrandischmoor (1975) beziehen ihren Strom von Pellworm, Gröde (1976) von Ockholm und Langeneß/Oland (1954) von Dagebüll. Allein zur Versorgung der Halligen betreibt Schleswig-Holstein Netz sieben Seekabel, die mit einer Spannung von 20 000 Volt betrieben werden.

Ein Seekabel, das ständig Ebbe und Flut ausgesetzt ist, muss speziellen Anforderungen genügen, wie Christine Pinnow von Schleswig-Holstein Netz erklärt: „Im Vergleich zu einem an Land verlegten Mittelspannungskabel werden bei einem Seekabel die drei Adern des Kabels unter einem gemeinsamen Außenmantel gebündelt. Das Kabel hat eine zusätzliche Bewehrung, die das Kabel vor Beschädigungen schützt. Sie besteht aus

Querschnitt eines Seekabels

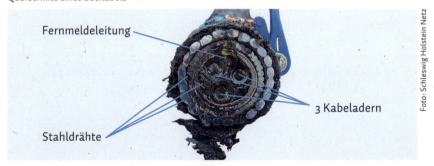

Fernmeldeleitung

3 Kabeladern

Stahldrähte

Foto: Schleswig Holstein Netz

Einpflügen des 20-kV-Kabels nach Hallig Gröde-Appelland

Verlegung des Stromkabels auf Langeneß

Infobroschüre über die
Stromversorgung der Inseln
und Halligen

Stahldrähten, die zusätzlich zur Schutzfunktion das Kabel rund machen. Oftmals sind in Seekabeln zusätzlich Fernmeldeleitungen zur Datenübertragung eingebracht. Diese werden benötigt, um die größeren Anlagen auf den Inseln und Halligen zu überwachen und zum Teil auch vom Festland aus zu bedienen."

Nordstrandischmoor und Gröde verbrauchten 2014 zusammen 160 000 kWh, Langeneß und Oland 700 000 kWh und Hooge 1 100 000 kWh. Damit der Stromfluss auch weiterhin ungestört verläuft, werden die Leitungen alle zwei Jahre mittels Kabelsuchgerät mit Tiefenmesser überprüft. Zusätzlich werden die Strecken im Frühjahr und Herbst mit Hubschraubern abgeflogen.

© Nordfriisk Instituut

1963 erreichte das erste Wasser
aus der neuen Leitung die
Hunnenswarf auf Langeneß

Fließendes Wasser

Umgeben von Salzwasser hat
die sichere Trinkwasserver-
sorgung für Mensch und Tier
einen besonderen Stellenwert.
Besonders erfahrbar war das
nach der Flut von 1962, als das Meerwasser die Wasserreserven vernichtet
hatte und die Hilfskräfte innerhalb von 10 Tagen sieben Millionen Liter
Trinkwasser zu den Halligen transportieren mussten.

Ähnlich wie bei den Stromleitungen war die Einspülung der Wasser-
rohre nur mit Hilfe von Spezialgeräten und Spezialschiffen möglich. Ein
Aspekt, der sich auch finanziell widerspiegelt. So kostete allein die Ver-
sorgungsleitung, die 1993 von Pellworm nach Hooge verlegt wurde, stolze
2,5 Mio. DM. Der Anschluss der einzelnen Halligen an die Wasserversorgung erfolgte über einen längeren Zeitraum. Langeneß/Oland kamen als
erste 1964 in den Genuss von Trinkwasser, gefolgt von Hooge 1968, Nordstrandischmoor 1975 und Gröde 1976. Schlusslicht war Süderoog. Erst 1994
wurde die Wasserleitung dorthin verlegt. Dafür ist diese Leitung gleich
für eine Superlative gut: der Anschluss ist der längste Hausanschluss in der
ganzen Region. Der Wasserzähler für das Haus auf Süderoog befindet sich
nämlich auf Pellworm.

Betrachtet man die Verbrauchszahlen, ist wohl jeder froh das Trinkwasser
nicht mehr eimerweise bergen zu müssen. Gröde verbrauchte beispielsweise
2014 1431 m³ und Hooge 15 456 m³.

Wohin fließt das Abwasser?

Haben Sie sich schon mal gefragt, wohin das Abwasser gelangt, wenn Sie auf der Hallig beherzt auf die Klospülung gedrückt haben? Auf Gröde, Langeneß/Oland und Nordstrandischmoor führt der Weg des Abwassers in Haus- oder Gebietskläranlagen. Auf Hooge gelangt es jedoch in die weltweit einzige überflutungsfähige Kläranlage. Verantwortlich für diese Anlage ist Dirk Behnemann vom Wasserverband Nord: „Das Einzigartige an dieser Kläranlage ist ihre Tauchfähigkeit. Sie besitzt wasserdichte Luken und hält einer Überflutungshöhe von bis zu fünf Metern stand. Die Luftversorgung der Anlage ist über ein Rohrsystem gewährleistet. Sollte Wasser in diese Rohre gelangen, schließen sich automatisch vier Schieber. Die Anlage ist in einem unterirdischen Betonbauwerk untergebracht, das sechs Pumpen, einen Rechenraum zur Entfernung von Fremdstoffen, einen Schaltraum, die Vorklärung, den Zwischenspeicher, ein Raum für die biologische Reinigung und die Nachklärung enthält. Alles läuft computergesteuert und automatisch. Die Anlage ist seit 1999 in Betrieb und für 1500 Personen ausgelegt. Der Jahreszufluss beträgt 15000 m³.“ Doch auch dieses Einzelstück hat seinen Preis. Die Bewirtschaftungskosten der Kläranlage belaufen sich auf 90 000 € pro Jahr, was für die Gemeinde Hooge ein jährliches Defizit von 40 000 € bedeutet (Quelle: Amt Pellworm).

© Wasserverband Nord

Text CJ

Hooge besitzt die weltweit einzige überflutungsfähige Kläranlage

SUPERMARKT statt Halliggarten
Lebensmittelversorgung im Wandel

Die Verfügbarkeit von Lebensmitteln ist ein zentraler Punkt, der den Alltag einer Gesellschaft bestimmt. Die Entwicklung weg vom Selbstversorgertum hin zu industriellen Nahrungsmitteln erfolgte auf den Halligen in gleichem Maße wie auf dem Festland und führte damit auch hier zu einer veränderten Lebenssituation. Hatte früher jeder Halligbewohner eine Kuh und ein Schwein sowie einen Gemüsegarten, findet man dies heute nur noch sehr vereinzelt. Früher nahm die Vorbereitung auf den Winter mit der Schaffung von Vorräten in eingeweckter, eingesalzener oder getrockneter Form viel Zeit in Anspruch. Heute findet man vor allem Konserven in den Vorrats-schränken. Doch die Versorgung mit modernen Lebensmitteln ist auf den Halligen natürlich auch etwas anders als auf dem Festland.

1000 Artikel auf 90 Quadratmetern

Langeneß und Oland werden derzeit über einen Supermarkt in Niebüll mit Lebensmitteln beliefert. Gröde kann ebenfalls über das Festland Lebens-mittel bestellen. Auf Nordstrandischmoor ist jeder selbst für seine Einkäufe

© Christiane Jenemann

Klein aber oho. Im Halligladen findet man alles, was man für den täglichen Bedarf braucht – und noch einiges mehr

verantwortlich. Hooge ist momentan die einzige Hallig, die einen eigenen Lebensmittelladen hat. Es ist erstaunlich, was man so alles findet, wenn man dort durch die Regale streift: vom gewöhnlichen Salat über Kokosmilch bis zur Kaffeemaschine, alles da.

© Christiane Jenemann

Verantwortlich dafür, dass die Regale immer gefüllt sind, ist Renate Kuhnke, die seit 2006 in dem Laden arbeitet. Zuvor führte sie einen Laden auf Rügen. Trotz Inselerfahrung ist die Hallig immer wieder eine neue Herausforderung: „Auf einer Hallig einen Laden zu führen ist viel schwieriger", erzählt Renate. „Wenn etwas vom Festland nicht geliefert wird, kann ich es nicht eben schnell in einer anderen Filiale holen. Lücken in den Regalen sind für niemanden befriedigend. Zudem stellen die Frachtkosten, die pro Jahr etwa 12 000 € betragen, eine zusätzliche Belastung dar. Ich schaffe es aber, mit manchen Artikeln nicht teurer als auf dem Festland zu sein. Mit den Discountern kann ich natürlich nicht mithalten." Bei der Warenbestellung gibt es kaum Unterschiede zum Festland: „Ich erfasse die Ware elektronisch über den Strichcode und übermittle die Daten an den Zulieferer. Dieser bringt die Ware zum Anleger nach Schlüttsiel, wo sie in den Agrarwagen umgepackt wird, den uns die Gemeinde zur Verfügung stellt. Hier wird dann alles per Hand abgeladen."

© Christiane Jenemann

Renate Kuhnke ist die Chefin
des Hooger „Halligkaufmanns"

Fingerspitzengefühl gefragt

„Es braucht viel Fingerspitzengefühl, um das Sortiment zusammenzustellen.
Ich muss die Ohren immer nah an den Kundenwünschen haben. Im Winter
achte ich darauf, z. B. genügend Mehl oder Fertigbrotteig vorrätig zu haben.
Wenn die Nordsee vereist und keine Fährverbindung besteht, müssen die
Leute ihr Brot backen können. Daher habe ich immer drei bis vier 10er-
Packungen mit Mehl da. Auf der Hallig wird noch viel gebacken, gerade zur
Weihnachtszeit. Und ich habe noch nie gesehen, dass irgendwo soviel Sahne
eingekauft wird wie hier! In meinem Laden auf Rügen wurde in einem
Monat nicht verkauft, was hier manchmal in einer Woche verkauft wird.
Ich finde es toll, dass hier noch viel mit Sahne gekocht wird."

„Die Halligbewohner kaufen vor allem Tiefkühlprodukte und Frischwaren
bei mir, da sie diese schlecht vom Festland mitbringen können. Da komme
ich mit meinen Lagerkapazitäten im Sommer oft an die Grenzen. Ich
bräuchte z. B. Platz für eine weitere Kühltruhe und einen größeren Kühl-
raum. Aktuell ist der gerade mal vier Quadratmeter groß. Manchmal weiß
ich nicht mehr wohin mit der Ware, wenn größere Gruppen vorbestellen.
Daher finde ich die Idee des Markttreffs gut (> Seite 48), damit ich das
Sortiment erweitern kann."

Wir tr ib un a 2015

Im Eiswinter müssen schon mal alle mit anpacken, um Lebensmittel abzuladen

Eine weitere Besonderheit ist die deutlich schwankende Kundenzahl zwischen Sommer und Winter: „Meinen Hauptumsatz muss ich im Sommer machen, wenn die Gäste da sind. Einen Halligladen nur für die Bewohner zu betreiben halte ich für unrealistisch. Natürlich muss der Laden auch im Winter offen haben, aber da schreibe ich nur rote Zahlen. Wenn der überwiegende Teil der Halligbewohner regelmäßig auch auf dem Festland einkauft, kann es nicht funktionieren. Daher bin ich über jeden Gast im Winter und unsere alten Bewohner froh, die mich unterstützen."

So ein Halligladen hat auch eine soziale Funktion, man trifft sich: „Ich bekomme im Laden natürlich einiges mit. Es wird auf der Hallig viel geredet, das ist wohl in jedem kleinen Dorf gleich. Ich versuche, mich da rauszuhalten und mich auf meine Arbeit zu konzentrieren. Nichts Schöneres, wenn sich ein Kunde bedankt und er wieder kommt – das ist für eine Kauffrau die schönste Auszeichnung."

Wie stellst Du Dir das Halligleben in 100 Jahren vor?

Zukunftsvisionen von kleinen und großen Halliglüüd

© Helmut Wiege

Bockmühle und Segellore erinnern auf der Ketelswarf/ Langeneß an das frühere Halligleben

„Ich wünsche mir, dass die Hallig in 100 Jahren nicht zum Museum geworden ist, sondern noch ähnlich wie jetzt durch Familien mit Kindern bewohnt wird. Dass es eine Schule für die Kinder gibt und Arbeit für die Eltern. Dass es nicht noch mehr Einschränkungen durch den Naturschutz gibt und alle weiterhin hier leben und existieren können. Vielleicht auch, dass die Häuser (Warfen) – je nach Anstieg des Meeresspiegels – entsprechend sicher sind."

Britta Johannsen, Langeneß

„Ich hoffe, dass der Küstenschutz auch in 100 Jahren noch durch den Staat unterstützt wird. Der Küstenschutz ist das Allerwichtigste und der Grundstein für das Leben auf der Hallig. Ich wünsche mir eine positive Entwicklung in der Landwirtschaft und dass wir uns mit unseren Halligprodukten besser präsentieren. Auch sollten wir eine Vermarktungsplattform finden oder schaffen, die die Halligprodukte wertschätzt."

Nommen Kruse, Nordstrandischmoor

„Ich stelle mir die Hallig in 100 Jahren so vor, dass es viele Hotels gibt."

Tarek, 9 Jahre, Langeneß

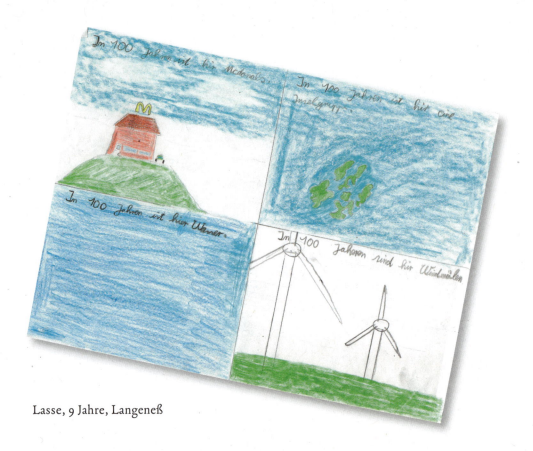

Lasse, 9 Jahre, Langeneß

„Ich wünsche mir, dass es in 100 Jahren auf der Hallig
breitere Straßen gibt und größere Traktoren. Es wäre
schön, wenn man Mais auf der Hallig anbauen könnte
und es eine Straße zum Festland geben würde, aber
nur für die Halligleute. Meine Nachkommen hier auf
der Hallig könnten damit ein Lohnunternehmen auf-
machen und eine Biogasanlage bauen und damit genug
Strom für die ganze Hallig herstellen."

Erik, 8. Klasse, Nordstrandischmoor

„Mein Wunsch wäre, dass die Hallig zeitgemäß weiterexistiert, aber auch Hallig bleibt. Also keine Bahn und keinen Flughafen auf der Hallig! Durch die Klimaveränderung und die Wetterkatastrophen gibt es vielleicht gar keine Halligen mehr in 100 Jahren. Das will ich nicht hoffen, auch wenn ich es nicht mehr erleben würde!"

Samar Sidani-Dell Missier, Hooge

Dieser Entwurf des Ingenieurbüros Ivers GmbH/Husum gewann den Sonderpreis im Ideenwettbewerb Hallig 2050

„Ich hoffe auf den Fortbestand der Halligen, auch über die nächsten 100 Jahre hinaus. Ich könnte mir spannende Wohnprojekte auf den Halligen vorstellen so wie sie z. B. im Architektenwettbewerb der Arbeitsgruppe Hallig 2050 entworfen worden sind. Vielleicht erscheinen diese Gebäude auf den ersten Blick utopisch. Aber es gibt auf den Halligen auch immer wieder Leute, die bereit sind Dinge in Angriff zu nehmen, die man sich heute noch gar nicht vorstellen kann. Von daher bin ich optimistisch, dass das Halligleben weitergeht und sich zukunftsfähig entwickelt. Vor Jahrzehnten gab es Überlegungen, befahrbare Dämme zu allen Halligen zu bauen. Das ist für mich eine Idee, die man hoffentlich nie umsetzen wird."

Renée Oetting-Jessel, Hooge

„In 100 Jahren ist die *Plastikfunde-Führung* bei den Tages- und Urlaubsgästen auf der Hallig jedes Mal der absolute Renner. Auf dieser Führung zeigen die Freiwilligen der Schutzstation Wattenmeer den Gästen kuriose Fundstücke aus Plastik, die immer noch aus dem Meer angespült werden. Eine Sensation sind dabei besonders gut erhaltene Plastiktüten. Sie haben mittlerweile historischen Wert und niemand kann sich vorstellen, dass die Menschen im letzten Jahrhundert in diesen zähen Kunststoffgebilden tatsächlich ihre Waren transportiert haben. Auch über andere Plastikfunde staunen die Gäste: Ein Becher aus Kunststoff für Joghurt? Eine Wasserflasche aus Plastik? Wenn die Freiwilligen bei der Führung erklären, dass solche Verpackungen einst reihenweise im Supermarkt standen, ist es kaum zu fassen. In einer Zeit, in der das Entwerfen nachhaltiger Produktverpackungen schon seit Jahrzehnten zu den beliebtesten und krisensichersten Jobs in der Ingenieurs-Branche gehört, kann sich kein Mensch mehr vorstellen, dass man früher tatsächlich Wegwerfverpackungen erschaffen hat, die Jahrhunderte überdauern. Es erscheint verrückt, aber die Funde aus dem Meer bezeugen, dass es genauso gewesen sein muss."

Jennifer Timrott, Hooge

© Jennifer Timrott

Nach wie vor ist Plastikmüll
leider Strandgut Nummer 1

„Ich denke, dass es in 100 Jahren auch fliegende Autos gibt.“
Tjarde, 9 Jahre, Langeneß

Hooger Schüler entwerfen die Warft der Zukunft

„So stellen wir uns das Leben auf den Halligen im Jahre 2050 vor: Die Häuser stehen auf Hydraulikstempeln. Die sind dazu da, um die Häuser vor Land unter zu schützen. Das funktioniert so: Wenn das Wasser in die Warft läuft, wird das Haus durch Hydrauliköl hochgepumpt. Es wird keine Autos mehr auf der Hallig geben können, da wir glauben, dass die Halligen durch die steigenden Wasserstände häufig überflutet werden oder ständig Landunterhaben. Die neuen Verkehrsmittel werden Boote sein. Die Häuser stehen zur Warftmitte, da wir hoffen, dass die Kommunikation im Jahre 2050 zwischen den Halligleuten intensiver wird.“ **> nächste Seite**

Merle, 9. Klasse; Jelke, 8. Klasse; Emma, 4. Klasse;
Nick, 4. Klasse; Melf, 3. Klasse; Ulrike, 3. Klasse;
Fynn, 1. Klasse

Die Halligen in 100 Jahren ...

„Klimaveränderungen hatten zu einem drastischeren Anstieg der Weltenmeere geführt, als erwartet. Stürme und Sturmfluten waren gewöhnlich geworden, aber sie hatten auch an Heftigkeit zugenommen. Gleichzeitig befand sich die Weltwirtschaft in einer kritischen Phase. Sie musste Abschied nehmen vom Gedanken des ewigen Wachstums. Das Teilen und Verteilen musste neu gelernt und geübt werden, in jedem Land.

Auch auf den Halligen wurde heftig diskutiert: Es war – rein rechnerisch gesehen – unverhältnismäßig geworden, wiederholt Millionen auszugeben, um die Halligen weiterhin als sichere Hauptwohnsitze für Familien zu erhalten. Und menschlich betrachtet? Alle Halligleute hatten Familienangehörige auf dem Festland. Dadurch wussten sie zu gut, woran es auch dort fehlte. Es waren die Halligleute, die Zeichen setzten: Unterstützt von einem europaweiten Hilfsfond verließen sie die Halligen und bauten sich ein neues Zuhause, z. T. auf Föhr, die meisten auf dem Festland. Die Halligleute hatten viel verloren, eine ganz besondere Lebensart, die es eben nur auf einer Hallig gibt. Aber es war ein wirtschaftlich vernünftiger Beschluss zugunsten des Küsten- und Naturschutzes und im Hinblick darauf, was noch verhältnismäßig war. Die Nordsee blieb *ihr* Meer, geliebt, gefürchtet und geschätzt. Und der große Sternenhimmel steht weiter über allen."

Martin Witte , Hooge

„In 100 Jahren fährt die Fähre noch. Die Häuser gehen langsam kaputt. Menschen leben nicht mehr auf Langeneß."

Svea, 8 Jahre, Langeneß

Wie können Arbeitsplätze zusätzlich zu Landwirtschaft und Küstenschutz zukünftig aussehen?

„Kinder, die hier groß geworden sind, sollen die Möglichkeit haben, nach ihrer Ausbildung auf die Hallig zurückzukehren. Daher wünsche ich mir, dass sich das Jobspektrum in der Zukunft deutlich erweitern wird, um den unterschiedlichen Interessen und Begabungen gerecht zu werden. Insbesondere im Hinblick auf Frauenarbeitsplätze wünsche ich mir, dass Frauen in Zukunft in vielen verschiedenen Bereichen, z.B. in dann existierenden Seminarhäusern, in Halligschulen, als externe Kräfte Zuhause am Computer, an Fern-Arbeitsplätzen oder auf landwirtschaftlichen Hofgemeinschaften arbeiten können. Auch halte ich die Weiterentwicklung der Bildungschancen der Kinder auf der Hallig für sehr wichtig. Ich würde mir wünschen, dass in 100 Jahren eine zweite Fremdsprache im Unterricht angeboten wird und der naturwissenschaftliche Unterricht über E-Learning und andere Online-Angebote ausgebaut worden ist."

Rina Strubel, Langeneß

„In 100 Jahren gibt es einen Bananenbaum, ein Kino, einen
Ponyhof, einen Frisör und einen Eisladen. Die Kinder sind
Lehrer und dürfen nach Hause gehen, wann sie wollen.
Es gibt bunte Häuser in gelb, blau, lila, rosa und orange.
Es gibt einen Arzt. Es gibt Flugschuhe. Es gibt einen großen
Spielplatz."

Swantje, 2. Klasse, Nordstrandischmoor

„In 100 Jahren fährt auf Langeneß ein ICE."

Tade, 6 Jahre, Langeneß

Werden die Halligen
trotz Klimawandel
bestand haben können?

„Ich würde mir wünschen, dass es die Halligen in ihrer jetzigen Form in 100 Jahren überhaupt noch gibt. Momentan kann letztlich noch niemand abschätzen, was da mit dem Klimawandel auf uns zukommt. Ich hoffe, dass wir es jetzt schon schaffen, auf die Veränderungen durch den demografischen Wandel zu reagieren und die Halligen überlebensfähig zu machen. Dafür müssen wir auch offen für neue Wege werden, z. B. im Hinblick auf Baumaßnahmen. Nur zu sagen, *„das haben wir immer schon so gemacht und machen es daher auch weiterhin so“*, wird in Zukunft nicht mehr reichen. Man sollte auch über eine große Halliggemeinde nachdenken, damit wir uns gemeinsam für die Zukunft optimal positionieren können. Zwar ist jede Hallig verschieden, aber die Probleme sind doch die gleichen. Auch hoffe ich, dass die Politik weiterhin die Funktion der Halligen als Wellenbrecher für das Festland wertschätzt und finanzielle Mittel für uns bereitstellt.“

Erco Lars Jacobsen, Hooge

„Die Halligleute haben von 1600 bis 1960 ziemlich gleichbleibend gelebt. Es gab keine großen Veränderungen im Lebensstil. Für die nächsten 100 Jahre wünsche ich mir einen Rückschritt in der Entwicklung der Halligen. Für mich ist es der richtige Weg, wenn wir uns wieder an unser eigenes Wissen erinnern und nicht zu stark von Leuten auf dem Festland abhängig sind, die uns sagen, was wir zu tun haben. Eine Rückbesinnung auf unsere eigenen Qualitäten und eine größtmögliche Autonomie finde ich wichtig.

Ich halte auch einen maßvollen Zuzug von Neubürgern für wichtig. Wir brauchen Zuzug, gar keine Frage. Ich persönliche finde es sehr spannend, wenn neue Leute kommen. Wenn jedoch zu viele auf einmal kommen, ist es schwierig, alle gut zu integrieren. Eine Gruppenbildung und gesellschaftliche Trennung halte ich für das Schlimmste, was überhaupt passieren kann. Für ein gutes Zusammenleben muss gewährleistet sein, dass das Wissen über die Hallig an alle homogen weitergegeben wird. Das ist nicht möglich, wenn Entwicklungen zu schnell gehen. Meine Befürchtung ist, dass das, was in den letzten Jahrhunderten gewachsen ist, verloren geht – und wenn das passiert, ist die Hallig auch verloren. Die Halligen sind nicht nur ein Naturraum, sondern auch ein Kultur- und Lebensraum, der gefüllt und erfüllt werden muss.“

Johann Petersen, Langeneß

Traditionell wurden die Krabben
mit dem Handnetz gefangen

„Ich wünsche mir eine Shopping-Warft mit einem großen Supermarkt, Family, Jakko, Plaza, Reno, H&M, Schuhpark, Friseur, Eisdiele, Quickschuh, Kino und Eislaufbahn. Dann kann man jeden Tag shoppen, Eis essen, eislaufen und ins Kino gehen. Das kann ich mir vorstellen. Dann hätte man die neuesten Sachen und ich könnte ohne Mama einkaufen."

Svea, 4. Klasse, Nordstrandischmoor

„Ich stelle mir die Hallig in 100 Jahren so vor, dass es viele moderne Gebäude und mehrere Windmühlen gibt."

Kayenn, 10 Jahre, Langeneß

Süderoog – Die Hallig der Jungs. Diesen Namen verdankt die Hallig den internationalen Jugendlagern von Hermann Neuton Paulsen

„Wir wünschen uns, dass die Halligen in 100 Jahren noch weitgehend erhalten sind und gar nicht bzw. nur gering an Landmasse verloren haben. Weiterhin soll es Leben auf den Halligen geben. Das betrifft nicht nur die Menschen, die hier immer noch gerne leben möchten, sondern auch Kleinstlebewesen sowie die Vogel- und Pflanzenwelt, die hoffentlich trotz der Umwelteinflüsse weiterhin reichhaltig ist. Die Halligen sind ein Kulturgut und daher ist es wichtig, dass der traditionelle Charakter mit den alten Häusern und der landwirtschaftlichen Nutzung auch in 100 Jahren fortbesteht. Neuerungen wünschen wir uns in der Stromgenerierung. Ein stimmiges Projekt der Energiegewinnung aus und mit der Natur für eine autarke Versorgung sollte nicht mehr 100 Jahre auf sich warten lassen. Speziell für Süderoog erhoffen wir uns, dass die Geschichte um Hermann Neuton Paulsen und seinem internationalen Ferienlager sowie der Grundgedanke der Völkerverständigung weiter am Leben erhalten wird und sein Traum in Erfüllung geht."

Nele Wree und Holger Spreer, Süderoog

Zur Hallig Oland geht es über den Lorendamm. Eine feste Fährverbindung gibt es nicht

„Mein erster Gedanke: hoffentlich ändert sich nicht so viel. Wir sind im Moment eine so gute Gemeinschaft, dass der Satz ‚wir sind uns genug' die Situation genau wiedergibt. Aber in 100 Jahren wird sich alles ändern. Das Meer kommt uns näher. Stürme, die jetzt noch ein normales Landunter mit sich bringen, werden an unserer Lebensgrundlage nagen. Werden wir den Kampf verlieren? Werden unsere alten, geschichtsträchtigen Häuser noch da sein oder wird die Warft aufgefüllt und neue, wasserbeständige Häuser aufgestellt? Aber wer will hier dann noch leben? Ich schätze die Dinge, die das Halligleben heute für mich ausmachen: die Abgeschiedenheit von der übrigen Welt, das Leben im Einklang mit der Natur, zusammen mit den Gästen, die für ein paar Tagen diese Welt miterleben möchten. Die Eigenständigkeit unseres Lebens und die Landwirtschaft, die unsere Hallig erhält. In 100 Jahren kann alles vorbei sein. Wir werden es nicht mehr erleben, aber ich traure um meine Hallig.

Claudia Nommensen, Oland

„Ich wünsche mir bunte Häuser und
Flugschuhe bei Landunter."

Kjell, 2. Klasse, Nordstrandischmoor

Lone, 15 Jahre, Langeneß

„Die Hallig in 100 Jahren stelle ich mir im Idealfall lebenswert und überlebensfähig vor. Ich hoffe, dass meine Kinder und Enkelkinder noch die
wirtschaftlichen Möglichkeiten haben, um hier leben zu können. Ich würde
mir wünschen, dass die Gemeinden die nötige Infrastruktur dafür aufrecht-
erhalten können – eine Hallig ohne Kaufmann ist zum Beispiel ein Manko.
Ich finde es als Grundlage für die Zukunft wichtig, als Gemeinde zu versuchen, die Häuser und das Land in eigener Hand zu behalten bzw. in den
Händen der Halligleute, die damit ganzjährig ihren Lebensunterhalt erwirtschaften und ihren Lebensmittelpunkt hier haben. Wenn das passieren
würde, wäre ich total zufrieden.“

Malte Karau, Langeneß

© Helmut Wiege

„Ich wünsche mir die Halligen auch in 100 Jahren noch als einen Ort, mit dem Menschen Träume verbinden, an dem sie im Hier und Jetzt sich selbst spüren, und wo sie ihre Mitte finden, um ihre Träume anzunehmen.“

Jürgen Kolk, Gröde

Jan-Ole, 11 Jahre, Langeneß

Glücksmomente gesucht!

© Biosphäre Halligen

Lassen Sie uns an Ihrem Hallig-Glücksmoment teilhaben.
Einfach Glücksmoment einfangen und an foto@halligen.de senden.

Unter allen Einsendern verlost die Biosphäre Halligen tolle Preise,
z. B. zwei Übernachtungen auf der von Ihnen fotografierten Hallig.

Einsendeschluss: 1. September 2015
Die Teilnahmebedingungen finden Sie unter **www.halligen.de**

Hochdüütsch dröppt Platt
Watt'n Nat-UR-laub

Wir schreiben das Jahr 2115. Der futuristische Hallig-Express „Suuspantüffel" schwebt lautlos durch das Wattenmeer. Auf der Hallig stoppt das Fahrzeug neben einem Mann. Ein Fenster öffnet sich:

Urlauber-Junge: Mami, schau mal, der sieht genauso aus wie die Halligmenschen auf den Bildern von vor hundert Jahren.

Urlauber-Mami: Guten Tag. Gelber Friesennerz, Fischerhemd und Gummistiefel. Gibt es die echten Halligbewohner wirklich noch? Leben Sie hier?

Service-Mann: Ne, mien Deern. Hier wahnt keeneen mehr. Ik schall hüüt blots de Technik kontrolleern, dormit dat mit de Urlaub ok allns klappt.

Urlauber-Junge: Technik im Nat-UR-laub? Cooler Job, da haben Sie wohl nicht viel zu tun.

Service-Mann: Toerst mutt ik de Meerblick-Appartments dörchkieken. In de Wintergoorn könnt se över dat Panoramamodell dat Wedder instellen, wat Se sik wünschen doon. Morgens Stormfloot, middags Sünnschien un avends Sternenhimmel. Denn könnt Se instellen, wo luut de Möwen schrien un woveel Seehünne ut Water kieken.

Urlauber-Mami: Wetter hinter Glas, dann kann ich ja gar nicht braun werden.

Service-Mann: Keen bang, mien Deern. Dor gifft dat en stufenlose UV-Schalter. Denn könnt Se sülms fastleggen, woveel Sünn se afkönnt. Oder Se nehmt de Schlecht-Wedder-Modus, wenn Se gern wat länger schlapen wüllt.

Urlauber-Junge: Und was geschieht, wenn es wirklich mal eine Sturmflut gibt?

Service-Mann: Dat maakt gor nix. Dor hebbt wi en Hydraulik, denn fohrt de Hallig en poor Meter hoch. Jem marken dor gor nix vun af.

Urlauber-Junge: So etwas wie echte Natur im Nat-UR-laub gibt es gar nicht, oder?

Service-Mann: Du kannst Di anmellen för Wattlopen. Denn kriggst Du en WattenNavi um de Hals un löppst um de Hallig so oft as Du willt. Gifft avers schietige Fööt un een kann sik al mol en Muschel in de Foot perrn. Denn musst Du de Internet-Doc anropen. Avers, wenn Di en Mööv op de Nees schieten deit, denn bringt dat Glück.

Urlaubers: Und wie steht es mit der Essensversorgung? Gibt es hier Restaurants oder einen Kiosk?

Service-Mann: Bütt-Eten satt, Porrnbrot oder bradte Hering kannst över't Internet bestellen. Dat kummt dörch en Vacuum-Leitung vun't Fastland ansuust. Allns annere warrd mit de niemodschen Wattendrohnen inflagen. Hungern un dörsten deist hier nich.

Urlaubers: Watt'n Nat-UR-laub!

Plattschnack-Hilfen

„Suuspantüffel" bedeutet so viel wie „Sieben-Meilen-Stiefel",
„Bütt" Plattdeutsch für „Scholle", „Porrn" steht für „Krabben".

Laat sik dat goot gahn! Ingwer Oldsen

Zentrum für Niederdeutsch
info@plattdeutsches-zentrum.de ~ www.plattdeutsches-zentrum.de

Die Hooger Kirchwarft

„Tun wir nichts, verbrauchen wir die Substanz"
– ein Pastorat als Seminarhaus

Die Kirchwarft, sie ist das Herzstück von Hooge und für die Hooger ein Ort voller Emotionen und persönlicher Erinnerungen. Kirche und Friedhof begleiten das Halligleben, sind Ort gemeinschaftlicher Begegnung und Rückzugsort. Ein Ort, den man als Halligbewohner für sich erhalten möchte, egal ob man religiös ist oder nicht. Doch der Erhalt der Gebäude ist kostenintensiv und allein durch die Kirchengemeinde nicht zu leisten. Eine Situation, die in der Halliggeschichte nicht neu ist. Das alte Pastorat war nach den Sturmfluten von 1825 und 1878 baufällig, doch schon damals fehlte das Geld für einen Neubau. Zur Hilfe kam *Kaiserin Auguste Viktoria (1858– 1921)*. Ihrem Einfluss ist es wohl auch zu verdanken, dass das 1907 erbaute Pastorat dieses repräsentative Ausmaß annahm und deutlich größer als die Kirche gebaut wurde.

Doch die Zeit der adligen Gönner gehört definitiv der Geschichte an. Neue Ideen sind gefragt, um die historischen Gebäude zu erhalten. Auf Hooge wird die Idee diskutiert, das Pastorat auch als Seminarhaus zu nutzen. Für die einen der absolut richtige Weg, für die anderen ein weiterer Schritt, traditionelles Halligleben aufzugeben. Nachgefragt bei Propst Dr. Kay Ulrich Bronk:

Das Pastorat als Seminarhaus — warum ein solches Projekt?

„Die Kirchwarft ist ein besonderer Ort, ein Kleinod. Manche sprechen davon, dass sie ein spiritueller Ort sei. Diesen auch für künftige Generationen zu erhalten, für die Menschen auf Hallig Hooge und für Gäste, ist die Herausforderung, vor der wir stehen. Wir hoffen mit einem Seminarhaus so viele Einnahmen zu erwirtschaften, dass wir davon den Unterhalt von Kirche und Pastorat wenigstens teilweise finanzieren können. Außerdem bringt ein Seminarhaus Gruppen und Menschen nach Hooge, die die Hallig noch nicht kennen. Die Kirchwarft wäre jedenfalls ein wunderbarer Ort für Einkehr und Bildung. Ich stelle mir vor, dass jeder, der hier einmal ein paar Tage verbracht hat, ein potentieller Förderer der Kirchwarft ist."

Kann denn nicht alles auf Hooge bleiben, wie es momentan ist?

„Der dringende Investitionsbedarf alleine für das Pastorat liegt bei weit über 500 000 €. Das ist eine Summe, die die Kirchengemeinde nicht stemmen kann — auch nicht mit der Hilfe des Kirchenkreises. Tun wir nichts, dann verbrauchen wir die Substanz der Gebäude. Mit einem Seminarbetrieb erhöhen wir die Chance auf Fördermittel und die Nachhaltigkeit der notwendigen Maßnahmen."

Sie waren bei der Projektvorstellung im Januar 2015 auf Hooge dabei. Welche Eindrücke haben sie mitgenommen?

© Rainer Kolbe

Dr. Kay Ulrich Bronk
Propst der Ev.-Luth.
Kirchengemeinde Nordfriesland

„Das war ein intensives Gespräch. Es wurden Kritik, Bedenken und Sorgen geäußert. Über diese Offenheit habe ich mich gefreut. Es gab aber auch Zustimmung. Die Einwände der Hoogerinnen und Hooger werden von allen Verantwortlichen ernst genommen. Es darf keine Enteignung stattfinden. Die Kirchwarft gehört in erster Linie zu Hooge und ihren Menschen. Eine Konsequenz haben wir schon gezogen. Damit der Friedhof ein ungestörter Ort bleibt, hat die Architektin bereits einen separaten Eingang für Seminarteilnehmer geplant. Außerdem soll den Beherbergungsbetrieben auf Hooge keine Konkurrenz erwachsen. Im Gegenteil. Wir wollen die Zusammenarbeit. Dazu muss man sich — gegebenenfalls — noch einmal zusammensetzen und darüber reden. Dieser Abend auf der Hanswarft war ganz wichtig. Wenn wir denn weiter denken und planen, wird es nicht die letzte Veranstaltung dieser Art gewesen sein. Die Menschen auf Hooge sollen einbezogen bleiben. Und: noch gibt es keine Entscheidungen und noch gibt es auch keine Fördermittel."

Energie mit Weitblick

Man sieht sie schon aus der Ferne — die Kollektoren auf dem Dach der Schutzstation Wattenmeer auf Hooge. Neben dem Hauseingang informiert eine Anzeigentafel über die erzeugte Energie. Das Haus der Schutzstation wurde in den Jahren 2003 bis 2005 als erstes Haus auf Hooge für den Gebrauch regenerativer Energien ausgerüstet. Als Bildungseinrichtung für Nachhaltigkeit setzt sich die Schutzstation besonders für den schonenden Umgang mit den Ressourcen der Natur ein.

„Es ist uns ein Anliegen, unsere Besucher für den bewussten Umgang mit Strom und den Gebrauch von erneuerbaren Energiequellen zu gewinnen", erklären Marie und Johanna, die gerade ihr freiwilliges ökologisches Jahr in der Schutzstation machen. „Wir hier im Haus benutzen vor allem Sonnenenergie und Erdwärme. Mit unserer Photovoltaikanlage können wir zum

Das Team der Schutzstation (von links nach rechts): Lukas Bublies, Michael Klisch, Johannes Weidner, Freda Müller, Johanna Tamina Brosig, Marie Neuhaus

einen Strom gewinnen, zum anderen auch unser Wasser erhitzen. Das nennt man Solarthermie. Dadurch können wir unseren CO_2-Ausstoß verringern.

Ein kompliziertes Unterfangen war damals die Installation der Erdwärme-anlage. Die Bohrung erforderte einiges an Geschick, bis die richtige Stelle und die richtige Tiefe gefunden wurden. Durch die Anlage gewinnen wir 5 bis 15 Grad, die wir zum Heizen nutzen. Insgesamt decken die hauseige-nen alternativen Energiequellen leider nur 5% unseres Energiebedarfs. Un-sere Anlagen können jedoch zeigen, wie man verschiedene Energiequellen sinnvoll miteinander kombinieren kann, um die Umwelt weniger zu belas-ten. Den übrigen Strom beziehen wir von den ökologischen Stromanbietern Greenpeace Energie und Lichtblick. Wir möchten ein positives Beispiel sein und die Leute anregen, über ihren Stromverbrauch nachzudenken.

Infotafeln an der Schutzstation informieren über die
mit Solarstrom und Solarthermie erzeugten kWh

Natürlich ist uns bewusst, dass die Umrüstung eines Hauses mit solchen
Anlagen recht teuer ist. Für die Umwelt lohnen sich diese Ausgaben jedoch
allemal. Auch wer sich das nicht leisten kann, kann mit kleinen Veränderungen etwas Wichtiges zum Umweltschutz beitragen. Wenn man zum Beispiel
die Heizung um ein Grad herunterstellt, verändert das nicht viel an der
Raumtemperatur. Damit spart man jedoch schon 6% des Energieverbrauchs.
Oder wenn man beim Verlassen des Raumes bewusst daran denkt, das Licht
auszuschalten und es nicht über Stunden unnötig brennen lässt. Jeder noch
so kleine Beitrag, Energie einzusparen, zählt und kann in der Summe viel
verändern. In unserer Ausstellung auf der Hanswarft finden unsere Besucher
zahlreiche Tipps und Informationen zum Thema Energie, und wir von der
Schutzstation stehen bei Fragen immer gerne zur Verfügung."

Haben Sie noch Fragen zu alternativen Energien?
Dann laden wir Sie herzlich in unser **Erlebniszentrum
„Mensch und Watt"** auf der Hanswarft auf Hooge ein!
Kontakt: hooge@schutzstation-wattenmeer.de
Telefon 0 48 49-229

Text CJ

Ab aufs Festland –
Zwei Schulabgängerinnen berichten

Auf den Halligen können die Kinder von der ersten bis zur neunten Klasse in die Schule gehen. Doch nach dem neunten Schuljahr muss jedes Hallig- kind für die weitere schulische oder berufliche Ausbildung die Hallig ver- lassen. Im Sommer 2015 werden Lone von Langeneß und Merle von Hooge ans Festland gehen. Wir wollten wissen, was sie für Pläne haben und wie sie mit dem nahenden Halligabschied umgehen.

„Mein Ziel ist es, Abitur zu machen und zu studieren"

Lone

„Wenn man 15 Jahre darauf vorbereitet wird diesen Schritt ans Festland zu machen, dann freut man sich einfach nur noch darauf", erzählt Lone. „Vielleicht wird das ernüchternd sein, weil es so viele Unterschiede zum Halligleben doch nicht gibt. Ich bin gespannt.

Durch unsere Partnerschule in Bredstedt konnte ich das Schulsystem auf dem Festland bereits kennenlernen. Unsere 5. bis 9. Klassen gehen zweimal im Jahr für eine Woche dort in die Gemeinschaftsschule. Wir haben jeweils drei Tage lang Physik- und Chemieunterricht, sowie zwei Tage normalen Unterricht im Klassenverband mit den anderen Kindern. Der Unterrichtsinhalt ist dabei eher nebensächlich, wenn man das so sagen kann. Es geht vor allem darum, diese Schulform kennenzulernen. Bei uns auf der Hallig ist doch vieles anders. Anfangs mochte keiner von uns ans Festland zum Unterricht. Festland war schrecklich, aber das hat sich mittlerweile normalisiert.

Mein Ziel ist es, Abitur zu machen und zu studieren. Dafür werde ich in den naturwissenschaftlichen Fächern und Französisch einiges nachholen müssen. Sobald ich mich für eine Schule entschieden habe, werden sich meine Lehrer mit ihr in Verbindung setzen, damit sie mich vom Schulstoff her optimal auf den Wechsel vorbereiten können. Was nach dem Studium kommt, wird man sehen. Die wenigsten von uns Schülern haben konkrete Wünsche geäußert, wieder auf die Hallig zurückzukommen. Ich weiß es auch noch nicht. Realistisch werde ich kaum Chancen haben, auf der Hallig genau das zu arbeiten, was ich will. Ich werde abwägen, was mir wichtiger ist. Hier zu leben oder den Beruf auszuüben, der mir Spaß macht."

„Ich freue mich darauf, nicht mehr allein in meiner Altersgruppe zu sein"
Merle

Ähnlich ergeht es Merle auf der Nachbarhallig: „Einerseits sehe ich den Wechsel ans Festland positiv. Andererseits bin ich auch etwas traurig. Ich bin auf der Hallig aufgewachsen und kenne das Leben nur so, wie es hier ist. Hooge ist mein Zuhause. Von daher habe ich gemischte Gefühle, wenn ich an den Sommer denke. Auf jeden Fall freue ich mich schon darauf, nicht mehr allein in meiner Altersgruppe zu sein. Die anderen Kinder auf Hooge sind alle jünger, das ist manchmal echt langweilig für mich.

Aber natürlich mache ich mir Gedanken wie es an der neuen Schule wird.
Wir Hooger Schüler gehen wie die Langenesser Kinder nach Bredstedt und
die Nordstrandischmoorer Kinder haben eine Partnerschule auf Nordstrand.
Dennoch ist es ein Unterschied, nur noch in einer großen Klasse Unterricht
zu haben. Auf Hooge sind ein bis drei Kinder in einer Klasse, und unser
Lehrer kann sehr individuell mit uns arbeiten. Schwachpunkte können
direkt besprochen werden. Das ist auf dem Festland anders. Aber ich habe
das Gefühl, es zu schaffen. Wie die anderen Halligkinder werde ich die
neunte Klasse wiederholen, um Stofflücken aufzufüllen.

Ich möchte den Realschulabschluss machen und danach entscheiden, wie es
weitergeht. Entweder gehe ich weiter zur Schule oder mache eine Lehre. Ich
habe im letzten Jahr ein Praktikum in einem Hotel gemacht. Dort hat man
mir eine Lehrstelle angeboten."

Mangelware Dauerwohnraum?

Ohne genügend Wohnraum für die Menschen, die ganzjährig auf der Hallig leben, sind die Halliggemeinden langfristig nicht überlebensfähig. Bezahlbaren Wohnraum für die Bevölkerung zu sichern angesichts einer zunehmenden Zahl an Investoren und Zweitwohnungsaufkäufern, ist daher eine wichtige Aufgabe, mit der sich die Halliggemeinden aktuell befassen.

Zunächst wurde eine Wohnungsbedarfsanalyse/eine Wohnungsmarktuntersuchung durchgeführt, um einen Überblick über die tatsächliche Wohnraumsituation auf den Halligen zu bekommen und den Bewohnern Fördermöglichkeiten zu eröffnen.

Wohnungsbedarfsanalyse, das klingt nach einem abstrakt theoretischen Begriff oder nach einem Papier, das doch nur viel Geld kostet, um dann in den Schubladen zu verstauben. Warum dies ein sinnvolles Projekt ist, erklärt *Karin Siebeck*, Beauftragte für Wohnraumförderung im Ministerium für Inneres und Bundesangelegenheiten des Landes Schleswig-Holstein.

Was ist der Sinn einer Wohnungsmarktuntersuchung/ Wohnungsbedarfsanalyse?

„Allgemeines Ziel ist es, die differenzierten Entwicklungen auf dem Wohnungsmarkt zu analysieren, den Handlungsbedarf zu ermitteln, geeignete Instrumente im Bereich Wohnen aufzuzeigen und deren zielgenauen Einsatz sicherzustellen. Insbesondere sind Aussagen zu den Gewichten von Neubau- und Bestandspolitik zu treffen und es sind Marktsegmente und Wohnungsbestände zu identifizieren, bei denen ein besonderer Handlungsbedarf besteht. Für das Land ergibt sich die Möglichkeit der Überprüfung eines zielgenauen und nachhaltigen Einsatzes der Fördermittel. Die Kommunen erhalten ein Instrument zur Steuerung einer bedarfsgerechten und nachhaltigen Wohnraumentwicklung."

Warum ist die Analyse so wichtig für die Halligen?

„Für die Halligen wird eine belastbare Datenbasis und Erkenntnislage zur Beurteilung des Wohnangebotes, der Entwicklungspotenziale und der Wohnraumnachfrage benötigt, um insbesondere für die dort ansässige Bevölkerung, die zur Daseinsvorsorge und Funktionsfähigkeit der Halligen beitragen, eine nachhaltige, bezahlbare und soziale Wohnraumversorgung sicherzustellen."

© Helmut Wiege

Wer kann sich um eine Förderung bewerben und wer berät die Halligbürger hierzu?

„Die soziale Wohnraumförderung steht grundsätzlich jedem Investor offen, z.B. private sowie kommunale Wohnungsunternehmen oder Kommunen als Träger der Investition. Auch für so genannte „Kleine Vermieter" und selbstnutzende Eigentümer stehen Förderkontingente zur Wohnraumanpassung bereit. Zu Fragen der Fördervoraussetzungen und Förderfähigkeit stehen die Investitionsbank Schleswig-Holstein und die Arbeitsgemeinschaft für zeitgemäßes Bauen e. V. beratend zur Seite."

© Ministerium für Inneres/SH

Kann mit diesem Konzept der Mangel an Dauerwohnraum verringert werden?

„Nach dem vorliegenden Zwischenbericht gibt es grundsätzlich genügend Wohnraum, um die derzeit auf den Halligen lebenden Bewohner auch langfristig zu versorgen. Es fehlen aber Wohnangebote, um zukünftig qualifizierten Dienstleistern für Daseinsvorsorgeangebote (Lehrer, Pflegekräfte) und Neubürgern/ Rückkehrern attraktiven Wohnraum zu bieten. Auch fehlt z.B. barrierefreier Wohnraum, um älteren Menschen eine Alternative zum Wegzug auf das Festland anzubieten. Dringend erforderlich scheint zweckgebundener Wohnraum zu sein, der langfristig dem bezahlbaren Dauerwohnen zur Verfügung steht und sich möglichst in der Verfügung der Halliggemeinden befinden sollte."

Karin Siebeck
Beauftragte für Wohnraumförderung im Ministerium für Inneres und Bundesangelegenheiten des Landes Schleswig-Holstein.

Seehunde – Pfiffige Jäger mit Unterhaltungswert

In der Nordsee lebt eine riesige Anzahl an Tierarten, drei davon sind Meeressäuger. Der wohl bekannteste Säuger der Meere, den man hier findet, ist der Seehund.

Im Wattenmeer kann man die Seehunde bei Niedrigwasser träge auf den Sandbänken liegen sehen. Bei Hochwasser verwandeln sich die Tiere jedoch zu geschickten Jägern. In einem Radius von 100 km um ihren Ruheplatz herum jagen sie Fisch. Die ausdauernden Taucher müssen nur alle 5 bis 6 Minuten Luft holen.

Blubber und Vibressen erleichtern das Leben

Seehunde sind sehr gut an das Leben im Wasser angepasst. Sie sind hervorragende Schwimmer und können sich dank ihrer Sinnesorgane optimal im Wasser orientieren. Was das Leben im Wasser für die Seehunde ebenfalls erleichtert ist die Eigenschaft, ihre Nasenlöcher verschließen zu können. Damit verhindern sie, dass Wasser in die Nase strömen kann.

Seehunde auf einer Sandbank vor Langeneß

An Land sind Seehunde deutlich weniger agil und können sich nur raupenähnlich fortbewegen. Als Kälteschutz haben die Seehunde den sogenannten *Blubber,* eine etwa 5 cm dicke Fettschicht, die unter dem Fell liegt. Das Fell ist noch ein Überbleibsel der otterähnlichen Vorfahren des Seehundes.

Seehunde sind nicht sonderlich wählerisch und fressen so gut wie jeden Fisch, der ihnen vor die Nase kommt. Täglich frisst ein Seehund ca. 5 bis 8 kg Fisch, am liebsten Plattfische und Grundeln. Um diese am Boden lebenden Fische fangen zu können, hat der Seehund eine ganz besondere Technik: Er schwimmt auf dem Rücken und tastet mit seinen Tasthaaren, den *Vibressen,* den Boden nach den Fischen ab.

Mit den *Vibressen* spüren Seehunde auch Änderungen in den Strömungsverhältnissen. Teilweise ersetzen diese Tasthaare auch komplett das Sehvermögen.

Der Geruch unterscheidet Freund und Feind

Die Seehunde wechseln von Juni bis September ihr Fell. Von Juni bis August gebären sie ihre Jungen auf den Sandbänken in Sturzgeburten. Da die Sandbänke beim nächsten Hochwasser in der Regel überspült werden, muss das

Jungtier sofort schwimmen können. Die Mutter-Kind-Beziehung ist bei den Seehunden sehr stark ausgeprägt. Sie erkennen sich am Geruch. Genauso werden auch Feinde am Geruch erkannt. Die Jungen werden 3 bis 6 Wochen von der Mutter mit sehr fettreicher Milch gesäugt und fressen sich in dieser Zeit bis zu 20 kg an. Diese Fettreserve brauchen sie auch, weil sie in der ersten Zeit alleine das Jagen erst lernen müssen und deswegen zunächst nur wenig Nahrung finden. Übung macht den Meister!

Im Wattenmeer werden die Tiere regelmäßig gezählt, indem die Flächen mit Flugzeugen überflogen werden. Allerdings können bei den Zählungen nie alle Tiere erfasst werden.

Letztes Jahr wurden im gesamten Wattenmeer 26 788 Individuen gezählt, davon 8 342 im Schleswig-Holsteinischen Wattenmeer. Der geschätzte Bestand liegt bei etwa 12 000 Tieren in Schleswig-Holstein und 39 400 Tieren im gesamten Wattenmeerraum.

Text Felix Kleemann und Luca Grabo, Schutzstation Wattenmeer Langeneß

Bei Ark Boysen ist der Heuler in guten Händen, auch wenn es ungemütlich aussieht ...

Beherztes Zupacken gefragt
Als Seehundjäger auf Langeneß

Auf Hooge, Langeneß und Oland gibt es die Aufgabe des *Seehundjägers*.
Seit der Gründung des Nationalparks Wattenmeer geht es hierbei jedoch
nicht mehr um die Jagd auf Seehunde, sondern vor allem um die Versorgung
der Heuler. Diese Jungtiere stranden immer wieder an den Halligkanten,
wenn sie ihre Mutter dauerhaft verloren haben. Ihre lauten Rufe haben
ihnen den Namen *Heuler* eingebracht.

Einer der Seehundjäger ist Ark Boysen, der die Aufgabe vor ca. 10 Jahren
auf Langeneß übernommen hat: „Damals nach der Seehundseuche suchte
das Nationalparkamt jemanden, der sich als Seehundjäger zur Verfügung
stellte. Dafür muss man einen Jagdschein besitzen und einen Jagdaufseher-
lehrgang absolviert haben. Dieser berechtigt, in den Nationalparkgebieten
und in fremden Jagdgebieten tätig zu werden. Vor der Ernennung zum
Seehundjäger erhält man eine spezielle Schulung über Seehunde. Unser
Wissen halten wir mit jährlichen Fortbildungen am Institut für Terrestrische
und Aquatische Wildtierforschung in Büsum auf dem neuesten Stand."

Glück im Unglück für die beiden Heuler. Doch Vorsicht – die Kleinen können schon kräftig zubeißen

Haupteinsatzzeit für Ark ist das späte Frühjahr: „Dann sind wir regelmäßig auf der Hallig unterwegs und sichten die Heuler. Zeitweise mehrmals täglich. Dabei beurteilen wir das Aussehen, Gewicht und das Vorliegen von Krankheiten wie z. B. Durchfall, Nabelbruch oder Augeninfektionen. Bei bestimmten Erkrankungen können die Tiere nicht in die Seehundstation Friedrichskoog aufgenommen werden, damit der Bestand dort nicht gefährdet wird. Normalerweise bringen wir die Heuler zum Fähranleger nach Schlüttsiel, wo sie von der Seehundstation abgeholt und in den folgenden Wochen aufgepäppelt werden. Nur sehr kranke Tiere, die keine Chance auf Überleben haben, müssen wir leider schießen."

Häufig melden sich Gäste bei Ark, wenn sie einen Heuler sehen: „Wir haben eigentlich nur bei Ebbe eine Chance, den Heuler einzusammeln. Bei Flut flüchtet er sich ins Wasser. Den größten Fehler, den man machen kann, ist bei dem Seehund zu bleiben und zu warten, bis ich komme. Das bedeutet enormen Stress für das Tier, das natürlich Angst vor dem Menschen hat. Sieht man einen Seehund, ist es am besten, mich zu in-

In der Seehundstation Friedrichskoog konnten sich die beiden dick und rund fressen, bevor es zurück in die Freiheit ging.

Alle Fotos © Noemi Wannenmacher

Nach dem Vermessen ging es in der sicheren Tranportbox über Schlüttsiel zur Seehundstation

formieren und das Tier wieder alleine zu lassen. Vor allem sollte man nicht versuchen die Tiere anzufassen. Gerade ältere Heuler haben ein kräftiges Gebiss, mit dem sie problemlos einen Finger abbeißen können."

„Ich nehme die Tiere mit nach Hause, vermesse sie und schaue, ob sie verletzt sind. Auf der Fahrt haben sich die Tiere in ihrer Kiste meist beruhigt und suchen schon wieder Kontakt. Die Tiere melden wir bei der Seehundstation an. Zuvor bekommen sie von uns noch ihren Namen. Manchmal gibt es Vorgaben von der Station. Wir hatten mal einen Sommer, da sollten die Tiere Politikernamen bekommen. Nachdem *Angie* und *Peer* aber nach kurzer Zeit verstorben waren, haben wir von dieser Vorgabe Abstand genommen. Ich frage auch immer in der Station nach, was aus unseren Heulern geworden ist. Man fühlt sich für die Tiere verantwortlich. Seehundjäger ist eine zeitintensive Aufgabe, die aber auch viel Freude macht. Halligkinder und Gäste sind immer begeistert, wenn man ihnen einen Heuler zeigen kann."

Der Einsatz für die Tiere hat sich gelohnt. Arks Heuler von 2014, namentlich *Oin, Leonor, Bärbel, Reiner, Ludwig, Jennifer, Begi* und *Ark(!)* konnten alle erfolgreich ausgewildert werden.

Mehr Informationen über die Arbeit der Seehundstation Friedrichskoog e.V. gibt es unter www.seehundstation-friedrichskoog.de

Zu Besuch bei der Kleinsten

„Halliglüüd ünner sick" auf Habel

Die Eckdaten sind schnell erzählt: 4 km vor der Küste gelegen, 7,4 ha groß, ein Haus, eine Warft mit einer Höhe von 4,92 Metern über NN und ein Gesamtumfang von 1544 m. Steht man auf der Warft, sind Ost-und Westspitze der Hallig gerade mal ca. 350 m entfernt. Habel ist die kleinste der Halligen und auch für uns Halliglüüd ist es eine Besonderheit, sie betreten zu dürfen. Die Hallig liegt in der Schutzzone 1 des Nationalparks und darf nur mit Genehmigung besucht werden. Zum Schutz der Natur wird diese nur selten erteilt – oder im Notfall, wie z. B. im Jahr 1988 als zwei Kajakfahrer anlegen durften, weil ein Fahrer einen Gesäßkrampf erlitt ...

Wir hatten es da besser, als wir am 21. September 2014 von Bernd-Dieter und Helene Drost in Empfang genommen wurden. Die beiden gehören zum Verein Jordsand, der die Hallig seit 1983 gepachtet hat und sich für den See- und Küstenvogelschutz an Nord- und Ostseeküste engagiert. Wir wurden mit spannenden Informationen rund um die Hallig versorgt und durften Gelände und Haus erkunden.

Kaum vorstellbar, dass Habel 1770 22 Bewohner hatte und im Jahr 1805 eine Größe von 95 ha besaß. 1905 verkauften die letzten privaten Besitzer, Kapitän Meinert Nommensen und Bandix Petersen von Gröde, die Hallig für 6000 Mark an den preußischen Staat. Nur zwei Halligbewohner waren unter den späteren Pächtern. Von 1924 bis 1926 war das Johannes Rickersten von Gröde, 1951 bis 1958 Maria Lorenzen von Langeneß. Heute hat die Hallig keine ganzjährigen Bewohner mehr. Jeweils von März bis Oktober ist Habel mit Freiwilligen durch den Verein Jordsand besetzt, die sich dort vor allem um die Beobach-tung des Vogelbestandes und den Erhalt des Hauses kümmern.

Fething auf Habel – fließendes Wasser gibt es hier nicht

© Christiane Jenemann

Wer Interesse an einem solchen Einsatz hat, sollte eine ausreichende Portion Abenteuerlust mitbringen, denn Habel ist weder an die Strom- noch an die Wasser-versorgung angeschlossen. Trinkwasser wird per Schiff gebracht und in Tanks auf dem Dachboden gelagert. Eine Photovoltaik-anlage liefert eine geringe Strommenge, die z. B. zum Laden eines Handy-akkus ausreicht. Lebensmittel müssen selbst mitgebracht werden – duschen mit warmem Wasser entfällt. Entschädigt wird man durch eine einmalige Halligerfahrung. Wir waren schon von einem kurzen Besuch beeindruckt: *Danke für die Gastfreundschaft!*

„Die Menschen auf den Halligen füllen den
Begriff Nachhaltigkeit eindrucksvoll mit Leben" –

10 Jahre Biosphäre Halligen

2015 ist ein besonderes Jahr für die Biosphäre Halligen. Sie feiert ihren
ersten runden Geburtstag. 10 Jahre ist es nun her, seit die Halligen offiziell
zur Biosphärenregion ernannt und Teil des seit 1990 bestehenden Bio-
sphärengebietes Schleswig Holsteinisches Wattenmeer geworden sind.*

Biosphärenregion zu sein ist kein statischer Zustand. Eigentlich geht es
jeden Tag neu darum, die Biosphärenidee in die Tat umzusetzen, in politischen und sozialen Entscheidungen miteinzubeziehen. Ein ausgewogenes
Miteinander von Mensch und Natur als Basis für eine nachhaltige Entwicklung der Halligen ist die Grundlage der Biosphäre.

Biosphäre, Nachhaltigkeit und Modellregion — Begriffe, die für manchen
vielleicht schon abgedroschen erscheinen. Doch wenn man genauer
hinsieht, hat sich in der Biosphäre Halligen während der letzten 10 Jahre
Einiges getan:

Ruth Hartwig Kruse, Vorsitzende der Biosphäre Halligen

„Vor 10 Jahren war jede Hallig eher für sich. Jede versuchte, ihre Probleme
alleine zu lösen. Heute arbeiten wir eng zusammen und sind auch politisch
gemeinsam aktiv. Der *runde Tisch* im Umweltministerium ermöglicht uns,
auf kurzem und direktem Weg unsere Anliegen bei der Regierung vorzu-
bringen.

*Über die Entstehung und Struktur der
Biosphäre Halligen haben wir in den Ausgaben
2012 und 2013 ausführlich berichtet.

© LKN-SH

Die Schülerprojekte der Biosphäre waren ein toller Erfolg

Auch die Halligschulen sind näher zusammengerückt, z.B. in Form von gemeinsamem Unterricht dank E-Learning, tollen Biosphärenprojekten, gemeinsamen Schülertreffen und vielem mehr. Der jährliche Ausflug *Hallig-lüüd ünner sick* hat dazu beigetragen, dass wir uns besser untereinander kennengelernt haben. Die Biosphäre hat die Halligen und die Halligmenschen zusammengebracht. Für mich ist es wichtig, dass wir auch zukünftig als Gemeinschaft zusammen an einem Strang ziehen."

Matthias Piepgras, Vorsitzender der Biosphäre Halligen

„Durch unser gemeinsames Auftreten bekommen unsere politischen Forderungen ein anderes Gewicht. Wir werden als starke Gemeinschaft wahrgenommen, die beim Kreis und der Landesregierung eine große Akzeptanz hat. Auch sind wir ein wichtiger Teil der Insel- und Halligkonferenz. Die Zusammenarbeit mit dem Nationalparkamt erfolgt auf Augenhöhe, ist konstruktiv und immer lösungsorientiert. Wichtiger Erfolg der letzten 10 Jahre war unter anderem die Garantie der Arbeitsplätze im Küstenschutz auf den Halligen. Ich empfinde es als besonders positiv, dass durch die

Biosphäre die Konkurrenz unter den Halligen zurückgegangen ist und wir auch im Bereich Tourismus vermehrt zusammenarbeiten. Aber auch die vielen kleineren Projekte und Aktionen machen die Biosphäre zu dem, was sie heute ist. Ich denke da beispielsweise an die Beiträge der Schüler in diesem Magazin."

Volker Mommsen, Bürgermeister von Gröde

„Ich möchte eigentlich kein Projekt besonders hervorheben, da alle Maßnahmen und Projekte der Biosphäre der letzten 10 Jahre ein wichtiger Baustein im Prozess waren. Aber eine Sache ist mir in besonderer Erinnerung geblieben. Im Rahmen des Projektes *Halligschulen informieren über ihre Biosphäre* haben die Halligschulen ein komplettes Musical produziert, in dem auch der berühmte Biosphärensong zu hören ist. Die Aufführung des Musicals in Leck war eine wunderbare Veranstaltung. Überhaupt arbeiten die Halligschulen und ihre Partnerschulen auf dem Festland sehr gut zusammen.

Die Biosphäre Halligen ist mittlerweile etabliert und nicht mehr wegzudenken. Das neue Miteinander hat uns auch geholfen, z. B. die Verwaltungsstrukturreform mit all ihren Schwierigkeiten gut zu meistern. Ich finde, wir sind gemeinsam auf einem guten Weg."

Heike Hinrichsen, Bürgermeisterin von Langeneß/Oland

„Neben den bereits erwähnten Aspekten ist mir besonders die Fahrt mit der MS Seeadler in Erinnerung geblieben, während der wir die offizielle Urkunde mit der Ernennung zur Biosphärenregion erhalten haben. Es war der Grundstein, dass eine ganze Region in den letzten Jahren näher zusammengerückt ist, gemeinsame Ideen und Ziele entwickelt. Ein Meilenstein für die politische Zusammenarbeit der Halliggemeinden war die Klausurtagung am 1. August 2013 in Schlüttsiel, bei der sich erstmals alle Gemeindevertreter der Halligen getroffen und zusammen Ziele für die nächste Zeit bestimmt haben. Nun wird es darum gehen, diese Ziele auch in die Tat umzusetzen."

Mehr Informationsmaterial zu den Biosphärenprojekten unter www.halligen.de

Ernennungsurkunde zur Biosphärenregion

An runden Geburtstagen hört man immer wieder den Wunsch: *„Bleib so, wie Du bist!"*. Ein Wunsch, der so überhaupt nicht zu einer aktiven, sich weiterentwickelnden Region passt. Nicht stehenbleiben, sondern sich immer wieder neu für diese Region und diesen einzigartigen Lebensraum begeistern lassen, ihn aktiv gestalten – das ist die Biosphäre Halligen.

Leuchtturm-Themen aus 10 Jahren Biosphäre

Die Vielfalt des Halliglebens spiegelt sich auch in den Arbeitsfeldern und Projekten der Biosphäre wider. Hier ein kleiner Rückblick auf wichtige Stationen und Erfolge der letzten 10 Jahre.

Arbeitsplätze

In intensiver Auseinandersetzung mit der Landesregierung erfolgte die Zusage, die Arbeitsplätze im Bereich Küstenschutz auf den Halligen zu erhalten.

Wohn- und Lebensraum

Die Biosphäre engagiert sich für den Verbleib von Immobilien und Land im Besitz der Halligbevölkerung zur Sicherung der Existenzgrundlage. 2014 erfolgte die Erstellung eines Wohnraumkonzeptes für die Halligen (> Seite 48) als Grundlage für weitere Wohnprojekte.

Sicherheit für Mensch und Land

Aktive Mitarbeit in der Arbeitsgruppe der Landesregierung *Halligen 2050*. Ziel ist die Entwicklung innovativer und nachhaltiger Konzepte zum Erhalt der Halligen und zum Schutz der Halligbewohner angesichts des Klimawandels.

Schulprojekte

Zwei spannende Projekte der Halligschüler: *Halligschulen informieren
über ihr Biosphärengebiet* und *Prima
Klima in der Biosphäre*. Die Kinder
entwickelten Informationsmaterial,
Lehrmaterial und sogar ein ganzes
Musical zum Thema Klimawandel
(> www.halligen.de).

Nachhaltigkeit

2008 wurde die Nachhaltigkeits-
strategie der Biosphäre Halligen
veröffentlicht. Darin wurden
Handlungsfelder definiert, wie die
Halligen ihrer Verpflichtung, im
Einklang mit der Natur zu leben
und nachhaltig zu wirtschaften,
konkret nachkommen können.

Politik der kurzen Wege

Die Biosphäre vertritt direkt die Interessen der Halligen
gegenüber der Landesregierung. 2009 bis 2011 gab es
dafür einen *runden Tisch* in der Staatskanzlei. Seit 2013
finden die Gespräche im Ministerbüro des Umwelt-
ministeriums statt. Ebenso werden die Halligthemen
regelmäßig mit Landrat Dieter Harrsen diskutiert.

Landwirtschaft

Im Halligprogramm von 1986 wurden Richt-
linien entwickelt, wie Landwirtschaft und
Naturschutz gleichermaßen Rechnung ge-
tragen werden kann. Die Biospähre arbeitet
aktiv an der Sicherung und Weiterentwicklung des Halligprogramms mit.

Tourismus

Durch das Tourismusbüro der
Biosphäre soll der Biospährenge-
danke auch im Tourismus vertieft
und qualifizierte Angebote gefördert werden (z.B. *Ringelganstage*).
2013 wurde die Biosphäre beim
Bundeswettbewerb *Nachhaltige
Tourismusregionen* ausgezeichnet.

Verkehrsanbindung

Intensive Verhandlungen mit
Reedereien und dem Kreis Nordfriesland führten zur Sicherung
von Mindeststandards im Hinblick auf die Fähranbindungen
der Halligen.

Medizinische Versorgung

Zur Sicherung und Optimierung der Notfallversorgung
wurde über die Jahre intensiv mit der Landesregierung,
dem Kreis Nordfriesland, Ärzten, Krankenpflegern,
Krankenkassen und kirchlichen Vertretern diskutiert.
Aktuellste Entwicklung ist die Schaffung des *Zweckver-
bandes Daseinsvorsorge* (> Seite 86).

Wir Halligleut' 2015

Zusammenarbeit

Seit Gründung der Biosphäre arbeiten die Halliggemeinden viel enger zusammen. 2013 fand das erste Arbeitstreffen aller Gemeindevertreter der Halligen statt. Gemeinsame Ziele in der politischen Zusammenarbeit wurden festgelegt.

Halligschulen

Gemeinsam mit dem Schulamt wurde der Erhalt der Halligschulen festgeschrieben. Der Ausbau des Unterrichtsangebotes durch E-Learning (einzelne Fächer werden über das Internet unterrichtet) wurde durch die Biosphäre gefördert.

Klimaschutz

Die Halliggemeinden streben die CO_2-Neutralität an. 2010 wurden im Rahmen des Projektes *Schalt Dich ein fürs Klima* Schulgebäude energetisch saniert und energetische Beratungen für Hallighaushalte durchgeführt.

Soziales

Jedes Jahr steht der Ausflug *Halliglüüd ünner sick* auf dem Programm. Im letzten Jahr gings zur Hallig Habel (>Seite 56).

*Ohne ihre wichtigen Partner in der
Landes- und Kreispolitik sowie der Insel-
und Halligkonferenz wären viele Erfolge
der Biosphäre nicht möglich gewesen.*

Grußworte

© MELUR

Dr. Robert Habeck, Umweltminister
des Landes Schleswig Holstein

„Wer eine Hallig besucht, der spürt das Besondere am Leben inmitten von Watt, Salzwiesen und Meer. Er spürt: Es kann nur mit der Natur gehen, nicht ohne sie. Über Jahrhunderte haben die Halliglüüd diese Erfahrung auf ihren weltweit einzigartigen Eilanden gesammelt, die so speziell sind, dass sie die Bezeichnung Inseln dafür nie verwenden würden. Mit der Biosphäre Halligen haben sie das Wissen um die Besonderheit ihres Lebensraumes mit der UNESCO als Biosphäre festgeschrieben. Sie haben sich eigenständig auf den Weg gemacht, Entwicklungszone im Biosphärenreservat Wattenmeer zu werden. Die so entstandene Biosphäre Halligen bot und bietet neue Perspektiven für die Zukunft der Halliglüüd. Dabei sorgen die Menschen vor Ort gemeinsam dafür, in der Kultur- und Naturlandschaft naturverträglich zu leben und zu wirtschaften. Die Halligbewohnerinnen und -bewohner leben von Tourismus, Küstenschutz oder Weideviehwirtschaft. Natur und Naturverbundenheit bleiben damit Fundament für das Leben auf Halligen. *Die Menschen auf den Halligen füllen den Begriff Nachhaltigkeit so eindrucksvoll mit Leben.* Als Gäste auf den Halligen können wir dies miterleben und diesen einmaligen Lebensraum im Herzen des Wattenmeeres, im Herzen des Nationalparks und Weltnaturerbes Wattenmeer bestaunen und bewundern. Und wir können uns heimlich dahin sehnen."

**Dieter Harrsen,
Landrat des Kreises Nordfriesland**

„Liebe Halligleute,
10 Jahre Biosphäre Halligen — das ist in besonderem
Maße eine Erfolgsgeschichte der Halliggemeinden mit
ihren Bürgern. Über Jahre habe ich als leitender Verwal-
tungsbeamter des Amtes Pellworm die Diskussionen über eine Entwicklung
der Halligen im Nationalpark und Biosphärengebiet Schleswig Holsteinisches Wattenmeer mitgeführt und war von diesem basisdemokratischen
Prozess beeindruckt.

Es war und ist mir ein persönliches Anliegen, dass das Halligleben in
seinem besonderen Zusammenwirken aus Mensch, Natur und Kultur Bestand hat. Küstenschutz und Tourismus sind zu existenziellen Grundlagen
für die Halligbewohner geworden. Dennoch gilt es, die Landwirtschaft
mit ihrer besonderen Aufgabe der Landschaftspflege auf den Halligen zu
erhalten. Aber nicht nur wirtschaftliche Aspekte, sondern auch die kulturellen Schätze unterstreichen das Alleinstellungsmerkmal der Halligen. Gerne
setze ich mich als Landrat und Vorsitzender der Halligstiftung für ihren
Erhalt ein.

Der Kern des Erfolges der Biosphäre Halligen liegt jedoch in dem Zusam-
menwachsen der Menschen und auch der politischen Gemeinden.

Die Halligen haben sich tatkräftige Unterstützung aus dem Kreis Nordfriesland und dem Land Schleswig Holstein erworben. Gemeinsam werden
wir diese Erfolgsgeschichte weiterschreiben."

Manfred Ueckermann, Vorsitzender der Insel- und Halligkonferenz:

„Die Biosphäre Halligen feiert ihr 10-jähriges Bestehen. Ich möchte diese Gelegenheit zum Anlass nehmen, der Halligengemeinschaft Biosphäre im Namen der Insel- und Halligkonferenz zu diesem Jubiläum zu gratulieren und mich für die konstruktive Zusammenarbeit bedanken.

Ich wünsche mir, dass die vielfachen Anknüpfungspunkte, die uns mit unserer gemeinsamen Aufgabe für den Erhalt der Lebensgrundlage von Mensch und Umwelt verbinden, in Zukunft noch weiter intensiviert werden.

Damit verbunden ist eine große Verantwortung, gleichzeitig den Ansprüchen der heutigen Generation sowie den Bedürfnissen künftiger Generationen gerecht zu werden. Eine der größten Herausforderungen ist der Klimawandel und der dadurch bedingte Meeresspiegelanstieg.

Beispielhafte Einfälle und Projekte wie innovative Schutzmethoden für Warften, PrimaKlima oder die Vorarbeit zur Abmilderung der Folgen des demografischen Wandels sind ein besonderer Verdienst von engagierten Bürgern in der Biosphäre. Ihr Antrieb ist die Verantwortung gegenüber der Gemeinschaft. Sie fördern somit das Zusammengehörigkeitsgefühl und sie werden durch vielfältige Aktivitäten zu einem unverzichtbaren Element des sozialen und kulturellen Lebens auf den Halligen. Ich wünsche weiterhin ein erfolgreiches Wirken und persönliche Erfüllung in ihrem Einsatz für die Gemeinschaft.“

© Ingrid Buckley

Was machen eigentlich ...
Gudrun und
Hermann Matthiesen

Von 1990 bis 2013 waren sie Pächter der Hallig Süderoog. Mittlerweile haben sie die Hallig gegen die Insel Pellworm eingetauscht.

Wie sieht heute Euer Alltag aus?

„Hermann fährt einen Pellwormer Krabbenkutter. Ich kümmere mich um die Tiere, die Befestigung des Grundstücks, um die Vermietung unseres Ferienhauses und den großen Garten. Wir nehmen an einem Tanzkurs teil und ich singe im Chor, was mir sehr viel Freude macht."

Es wurde gesagt, Süderoog sei Euer Lebenswerk – was bedeutet das für Euch?

„1990 war die Hallig ziemlich trostlos. Das Pensionsvieh hatte den Boden zertrampelt, die Halligkante war durch den Wellenanschlag beschädigt, das Haus dunkel und stark renovierungsbedürftig. Wir renovierten das Haus und pflanzten 500 Bäume und Büsche, die vielen Singvögeln ein Zuhause bieten. Wir versuchten damals noch gegen viele Widerstände Überzeugungsarbeit für den Naturschutz zu leisten. Wir verzichteten auf das Pensionsvieh und legten ein Fünftel der Halligfläche still. Hermann erhöhte mit seinen Mitarbeitern die Steinkante auf einen Meter, so dass die Hallig vor Auskolkung besser geschützt ist. Mit ganzem Herzen haben wir für den Aufbau und den Erhalt der Hallig gearbeitet. Dass wir damit ein Lebenswerk schaffen, war uns anfangs gar nicht so bewusst."

Was sind Eure schönsten Erinnerungen an Süderoog?

„Der weite, freie Blick. Der Anblick der Salzwiesen mit ihrem speziellen Geruch und der Frieden der ungestörten Natur. Nach einem arbeitsreichen Tag am Fething sitzen und sich über die Rückmeldungen der begeisterten Wattwanderer freuen. Die vielen Freundschaften, die wir durch die Hallig schließen konnten. Verreist sind wir so gut wie nie – für uns war auf der Hallig die ganze Welt."

Was war für Euch die größte Umstellung auf Pellworm?

„Wir hätten nicht gedacht, dass es mit den Tieren und den unbefestigten Außenanlagen so schwierig werden würde. Wir sind immer noch damit beschäftigt, ein neues Zuhause zu schaffen. Längst sind nicht alle Umzugskartons ausgepackt – von Ruhestand kann also noch keine Rede sein ..."

Interview CJ

HALLIG SÜDEROOG
DAS HERZ DER NORDSEE

Einsamkeit und Langeweile, das sind wohl für viele die ersten Gedanken, wenn sie sich ein Leben zu zweit auf einer kleinen Insel ohne Fährverbindung vorstellen. Doch wenn man Nele Wree und Holger Spreer, die Bewohner von Süderoog, erzählen hört, bekommt man daran Zweifel. Über ein Jahr sind sie nun dort draußen. Manch einer hat bestimmt seine Wette verloren, dass diese jungen Leute sicher schon nach kurzer Zeit desillusioniert ihre Koffer wieder packen würden. Fehlanzeige!

„Süderoog ist für uns etwas ganz Besonderes", erzählt Nele. „Wenn man Süderoog aus der Luft betrachtet, fällt ihre Herzform sofort auf. Dies hat uns zu unserem neuen Logo und dem Spruch inspiriert *Das Herz der Nordsee*. Die Natur macht die Hallig einzigartig. Aber für uns ist es auch spannend, ihre Geschichte zu entdecken. Zentrale Figur ist *Hermann Neuton Paulsen,* der 1898 auf der Hallig geboren wurde. Geprägt durch seine Erlebnisse im ersten

© Martin Stock

Wir Halligleüd 2015

Nachwuchs bei den Coburger Fuchsschafen

Völkerverständigung als Vision: Hermann Neuton Paulsen

Weltkrieg organisierte er internationale Jugendlager, um die Idee der Völkerverständigung weiterzugeben. Sein geistiges Erbe wollen wir pflegen und an sein globales Denken erinnern. 2014 haben wir an seinem Geburtstag am 24. Juli eine provisorische Ausstellung über die *Hallig der Jungs* gemacht, was wir in diesem Jahr wiederholen möchten. Ehemalige Teilnehmer der Jugendlager schreiben uns über ihre tollen Erlebnisse damals, was für uns eine Bereicherung ist.

Eine weitere spannende Geschichte ist die der *Ulpiano* und ihrer Strandung 1870 auf dem Süderoogsand (>Seite 72). Die Heckfigur, die als Andenken über der Haustür hängt, haben wir zum Restaurieren gegeben und freuen uns, wenn sie nach einer Überarbeitung wieder in den Originalfarben glänzen kann.

Unser selbst gestecktes Ziel ist die Anerkennung als Arche Hof, auf dem wir vom Aussterben bedrohte Nutztierrassen züchten. Wir brauchen keine Hochleistungsschafe, sondern robuste und gutmütige Tiere. Das Coburger Fuchsschaf ist unsere Hauptrasse geworden. Wir freuen uns über den ersten Nachwuchs, der schon freudig durch den Stall springt. Den Erstaufnahmeantrag für unseren Arche Hof haben wir bereits eingereicht und sind gespannt auf die nächsten Schritte."

Langeweile klingt irgendwie anders ... Wer wissen möchte, was auf Süderoog noch so alles passiert, der findet auf der neuen Homepage von Holger und Nele **www.halligsuederoog.de** und auf Facebook Neuigkeiten und spannende Informationen rund ums Halligleben.

Text: Nele Wree, CJ

Gestrandete Zeitzeugin –
das Wrack der Ulpiano auf dem Süderoogsand

Das Wrack der Ulpiano vor der Süderoogsand-Bake

24. Dezember 1870: Über die Nordsee fegt ein heftiger Sturm und Eisgang behindert die Schifffahrt. Trotz der widrigen Bedingungen hat die Bark Ulpiano *am Tag zuvor den Hafen von Sunderland verlassen und ist ohne Fracht auf dem Weg nach Hamburg, dem Wohnort ihres aus dem Baskenland stammenden Reeders. Sie sollte ihn nicht erreichen. Die Bark driftet nach Osten vom Kurs ab und strandet schließlich auf dem Süderoogsand.*

Die Heckzier der Bark Ulpiano

Wer von Süderoog rüber zur Rettungs-bake auf dem Süderoogsand geht, kann das Wrack der Ulpiano noch liegen sehen. Die Nordsee ist tückisch und der Süderoogsand hat immer wieder Schiffen ein verfrühtes Fahrtende be-schert. Insgesamt sind an der nord-friesischen Küste seit dem Jahre 1600 fast 1000 Schiffsstrandungen urkund-lich belegt.

Wie es zu dem Unglück der *Ulpiano* kam, lässt sich nur vermuten. Das Schiff war nach dem neuesten Stand der Schiffbautechnik aus Eisen gebaut. Wahrscheinlich hatten Kapitän C. Prieto und seine Männer zu wenig Erfahrung mit einem solchen Schiff, um es bei schwerem Seegang sicher führen zu können. Am 26. Dezember konnte die Besatzung auf die sichere Warft auf Süderoog gelangen. Da die Hallig von Eis eingeschlossen war, blieben sie fast 10 Wochen unfreiwillig Gäste der damaligen Bewohner Paul Andreas Paulsen, seiner Ehefrau Christina Magdalena und ihrer beiden jüngsten Söhnen Martin und Hermann. Trotz des engen Zusammenlebens scheint es keine Konflikte gegeben zu haben, denn in dem als Abschrift erhalte-nen Dankesschreiben heißt es *„und haben uns behandelt nicht als Schiffbrüchige, sondern als Söhne".*

An das Schiffsunglück erinnern heute nicht nur der nach Ostverlagerung des Süderoogsandes wieder freikommende, knapp 40 m lange und etwa 8 m breite Rumpf, sondern auch eine angeblich von der *Ulpiano* stammende Galions-figur im Wyker Friesenmuseum und nicht zuletzt die auf der Hallig bewahrte Heckzier der Bark, die über dem Wappen der spanischen Provinz Kastilien-Leon die spanische Flagge und die des Baskenlandes zeigt.

Text: Dr. Hans Joachim Kühn

Neue Wege brauchen manchmal etwas Mut. Aber die Halliglüüd bringt so schnell nichts aus der Ruhe

Zukunft konkret
Modellprojekte auf den Halligen

Das Thema bedarfsgerechtes und zukunftgerichtetes Bauen beschäftigt alle Halligen. Bereits in unserer Ausgabe 2013 berichteten wir über den Architektenwettbewerb der Arbeitsgruppe *Hallig 2050*, bei dem es um ein Hallighaus der Zukunft ging. Mittlerweile gibt es auf vier Halligen Projektideen, modernes Bauen auf den Halligen in der Tat zu erproben, sei es privat oder um den Bedürfnissen der Bevölkerung und der Gäste langfristig gerecht werden zu können.

Treuberg – Langeneß

„Wir würden uns freuen, wenn wir als Gemeinde die Warf Treuberg erwerben könnten", schildert Bürgermeisterin Heike Hinrichsen. „Zentrales Thema für uns ist die Schaffung eines Nahversorgungszentrums, damit wir wieder einen Lebensmittelladen auf der Hallig haben. Unsere Projektidee schließt neben dem neuen Laden und Wohnraum für den

Ladenbetreiber, die Schaffung von weiterem Dauerwohnraum auf dieser Warf mit ein, sowie auch die Ansiedlung des Bauhofes der Hallig Langeneß. Zum aktuellen Zeitpunkt können wir jedoch nur sagen, dass dem jetzigen Besitzer des Grundstückes an der Erhaltung der Warf gelegen ist und die Gemeinde mit ihm in Verhandlungen steht."

Kirchwarft – Gröde

Das Gebäude auf der Schul- und Kirchwarft stellt Gröde vor besondere Herausforderungen. Bürgermeister Volker Mommsen: „In unserem Gemeindehaus befinden sich die Schule, die Lehrerwohnung, das Pastorenzimmer und eine kleine Gemeindewohnung. Dieses Gebäude bildet mit unserer Halligkirche eine Einheit, was die baulichen Planungen erheblich erschwert. Aufgrund der sich verändernden Wasserstände müssen wir die Sanierung und Umgestaltung des Gebäudes im Zusammenhang mit einer neuen Warfthöhe und Warftgestaltung betrachten. Nur so können wir ein zukunftsfähiges Gebäude bauen. Die Gemeinde möchte modernen Wohnraum schaffen und den Schulbereich sanieren. Solange es keine Schulkinder auf Gröde gibt, sollen diese Räume anderweitig für die Gemeinde genutzt werden können. Derzeit wird hierzu an Konzepten gearbeitet."

Halberweg – Nordstrandischmoor

Auch Privatpersonen müssen beim Bauen die drohenden Sturmfluten im Auge behalten. „Unser Haus auf der Norderwarft ist zukünftig nicht mehr als landwirtschaftlicher Betrieb nutzbar, wenn wir keine Veränderungen durchführen", erklärt Ruth Hartwig Kruse. „Das Haus steht auf der Warft momentan wie in einer Wanne, liegt also tiefer als die Warftaussenkante. Bei einer Sturmflut würde der Stall so hoch unter Wasser stehen, dass die Tiere nicht mehr sicher untergebracht sind. Wir denken darüber nach, ein neues Gebäude im traditionellen Baustil zu errichten: unten die Ställe und darüber der Wohnraum. Für dieses Projekt müssten jedoch zwei Warften zusammengelegt werden. Das Gebäude muss den Ansprüchen der Landwirtschaft aber auch der Sicherung von Wohnraum für vier Generationen gerecht werden. Zur Zeit sind wir in der Planungsphase und es finden intensive Gespräche mit Vertretern der Baubehörde und des Küstenschutzes dazu statt."

Hanswarft – Hooge

Eine Idee, die auf dem Festland schon häufiger mit Erfolg umgesetzt wurde, ist der Bau eines *Markttreffs*. Eine passende Idee für Hooge? Dazu Bürgermeister Matthias Piepgras:„Die Gemeinde benötigt ein Gebäude, um unseren Halligladen in Zukunft gut unterzubringen. Der aktuelle Standort des Ladens genügt in vielerlei Hinsicht nicht mehr den Anforderungen. Daher diskutieren wir Möglichkeiten, wie man in einem Neubau verschiedene Servicestellen, Begegnungszonen und Dauerwohnraum mit einem größeren Halligladen kombinieren kann. Wir haben dazu einen Architektenwettbewerb durchgeführt. Der vorliegende Entwurf des Architekten Thomas Rader ist ein gelungenes Konzept aus Wohn- und Wirtschaftsräumen unter Nutzung alternativer Energiekonzepte und Berücksichtigung der steigenden Wasserstände. Wir sind noch in der Planungsphase und der Entwurf ist nicht als definitiv zu betrachten."

All diese Projekte sind nur in enger Zusammenarbeit mit der Baubehörde, aber in besonderem Masse mit den Verantwortlichen des Küstenschutzes umsetzbar.

Herr Dr. Oelerich, wie bewerten Sie als Direktor des Landesbetriebs für Küstenschutz, Nationalpark und Meeresschutz Schleswig Holstein die Bauprojekte aus der Sicht des Küstenschutzes?

„Zunächst freue ich mich über die Initiativen von den Halligen und über die Kreativität, mit der die Möglichkeiten, die der Prozess *Halligen 2050*, den das Land Schleswig-Holstein zusammen mit den Verantwortlichen auf den Halligen, angestoßen hat, angenommen worden sind und nun weiterentwickelt werden. Die Pilotprojekte werden von denen, die einen Beitrag für eine Verwirklichung leisten müssen, intensiv begleitet. Eine wesentliche Grundlage zur Verwirklichung derartiger Ideen ist der öffentliche Küsten- und Hochwasserschutz – hier die Warftverstärkung. Neu zu errichtende Gebäude werden nach den festzulegenden Sicherheitsanforderungen gestaltet werden. In 2015 will das Land Schleswig-Holstein die Voraussetzungen schaffen, damit die Halligen erste Pilotprojekte ab 2016 umsetzen könnten. Ich bin sehr zuversichtlich, dass wir auch durch unsere umfassende Begleitung der Pilotprojekte sichtbar Zeichen setzen, wie wichtig zukunftsfähige Halligen für uns sind."

t CJ

os: Heike Hinrichsen, CJ

Welche **3 Dinge** *würden Sie auf eine Hallig mitnehmen?*

© Gabriella Meros

Nachgefragt bei Gustav Peter Wöhler

1 Meinen Lieblingspullover, den ich mir vor vier Jahren auf Island gekauft habe!

2 Meinen Mann Albert, ohne den geh ich erst gar nicht auf Reisen!

3 Ein Lied auf den Lippen und frohen Mutes in den Wind gesungen!

Interview

Der 1956 geborene Schauspieler und Sänger **Gustav Peter Wöhler** ist durch seine zahlreichen Fernseh- und Bühnenauftritte bei Film und Theater einem breiten Publikum bekannt. Seit 15 Jahren begeistern seine Konzerte mit der Gustav Peter Wöhler Band. Er unterstützt die Hamburgische Regenbogenstiftung. Diese 2014 von der AIDS-Hilfe Hamburg e.V. gegründete Organisation setzt sich gegen die Stigmatisierung und Diskriminierung von Menschen mit HIV und AIDS ein.
Mehr unter www.hamburgische-regenbogenstiftung.de

Lorendamm mal anders ...

Johann Petersen (links) ist der neue Postschiffer

Halligpost unter neuer Flagge

Am 30. September 2014 war es so weit: Fiede Nissen machte zum letzten Mal mit seiner *Störtebekker* fest, räumte die restlichen Postkisten von Bord und ging offiziell in den Ruhestand. 37 Jahre war er unser Postschiffer. Über 11 000 Mal fuhr er die Tour über Langeneß, Oland, Gröde und Habel – das muss ihm erst einmal jemand nachmachen!

Wie es ihm ohne seinen Postschifferjob geht, habe ich ihn gefragt: *„Richtig gut"*, sagt Fiede schmunzelnd, *„Zuhause gibt es genug zu tun. Ich habe mehr Zeit, mich um die Ferienwohnungen zu kümmern und meine Hobbies zu pflegen. Ich habe mich schon gefragt, wie ich das ‚früher' alles hinbekommen habe."*

Sein Nachfolger ist Johann Petersen. Manche Reporter meinten schon *„Die sehen ja aus wie Brüder"* – doch wer die beiden kennt weiß, dass das nicht sein kann. *„Als meine Frau und ich von der Ausschreibung der Stelle hörten, überlegten wir uns, ob das nicht etwas für uns sein könnte,"* erzählt Johann, *„und prompt bekamen wir die Zusage."* Dass aller Anfang schwer ist, gilt wohl auch für die Postschifferei: *„Die ersten Fahrten waren ein relatives Fiasko, weil das neue Schiff recht groß ist – aber die Brücken stehen alle noch. In den ersten Wochen bekam ich gleich die volle Breitseite. Landunter, Oststurm, Weststurm und viele Nebeltage. Es gibt noch viel zu lernen, aber es ist eine tolle Aufgabe."* Doch etwas möchte Johann anders machen: *„Fiedes Popularität färbt massiv auf mich ab. Ich versuche, mich dem zu entziehen."*

Johann wünschen wir immer eine sichere Fahrt und eine handbreit Wasser unter dem Kiel. Fiede viele schöne Stunden mit seiner Hannelore in ruhigem Fahrwasser – verdient haben es sich die beiden!

Twee Fründe ...*

*Zwei Freunde ...

Fundstücke

Hallig unter Land

In Hamburg-Niendorf scheint es untergründige Hallig-Fans zu geben. Wer am *Schippelsweg* stadtauswärts aus der U-Bahn steigt steht plötzlich in der Halligwelt.

Ein Fisch wird kommen

Kleine Fischkunde mit Gedichten

Aus dem Klappentext: *„Arezu Weitholz ist eine deutsche Gegenwart sdichterin und Illustratorin, die durch volkstümliche Fischdichtungen viel zur Verbreitung von naturwissenschaftlichem Unsinn geleistet hat."* Selten war Unsinn so unterhaltsam! Leseempfehlung für Fischfreunde und die, die es werden wollen.

Verlag Antje Kunstmann, ISBN 978-3-88897-866-1, 12,95 €

Texte ᶜJ Rₛ

Ode an Die Hallig

DIE ZEIT fragt ihre Leser regelmässig in ihrer Kolumne *»Was mein Leben reicher macht«* nach dem kleinen Lebensglück. Martina Heuer aus Freiburg spricht spricht manchem Halligfan aus der Seele.

»Zum Arbeiten zu alt, zum jung, zum Reisen topfit«.

Eberhard Ott, Eibelstadt, Bayern

Die Hallig Hooge! Nordseewind um die Ohren fegen und den Kopf frei pusten lassen. Barfuß durchs Watt. Das Meer sehen und riechen. Erholung pur!

Martina Heuer, Freiburg

Mein Freund, der mich auf der Fahrt nac Frankreich im Auto meine Lieblingspla

Über allem der Himmel

Wer den Halliglüüd ein bisschen in die Seele schauen will, sollte in diesem Buch stöbern. Predigten auf Plattdüütsch von Getrude von Holdt-Schermuly, bereichert durch Fotografien von Paul Maaßen. Die Autorin stammt von der Insel Pellworm und blieb 2009 auf Hooge hängen, nachdem sie eine befristete Stelle als Pastoren-Vertretung angenommen hatte. Auch wer des Plattdeutschen nicht ganz mächtig ist, spürt die Beseeltheit dieser Sprache, die die Dinge ohne Schnörkel auf den Punkt bringt.

Husum Druck und Verlagsgesellschaft
ISBN 978-3-89876-729-3, 19,95 €.

Gertrude von Holdt-Schermuly

ÜBER ALLEM DER HIMMEL

Plattdeutsche Predigten
von der Hallig Hooge

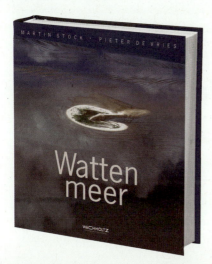

MARTIN STOCK · PIETER DE VRIES

Watten meer

WACHHOLTZ

Wattenmeer

Wenn man eine Liebeserklärung in Buchform bringen kann, dann ist es den Autoren Martin Stock und Pieter de Vries mit diesem Werk gelungen. Jede Seite zieht den Leser mehr in den Bann des Wattenmeeres. 5000 Flugkilometer und 20 000 Fotografien sind die Basis für dieses Buch, das einen diese einzigartige Landschaft aus einer neuen Perspektive entdecken lässt.

Wachholtz Verlag; ISBN 978-3-529-05361-0, 49,80 €

Für die Rettungsübung wurde ein Kutschunfall am Fuße der Hanswarft simuliert

Üben für den Ernstfall
Schwerer Kutschunfall auf Hooge

Schreckliche Szenen spielten sich am 5. April 2014 in der Nähe der Hanswarft auf Hooge ab: Zahlreiche blutende und durchnässte Unfallopfer, ein Schwerverletzter in akuter Lebensgefahr, ein flüchtender Kutscher im Schockzustand. Grund dafür war eine in den Graben gerutschte Pferdekutsche. Es herrschte der Ausnahmezustand – doch zum Glück war alles nur eine Übung. Diese hatte es jedoch in sich. Alle verfügbaren Feuerwehrleute der Hallig, die Gemeindesanitäter, der Seenotrettungskreuzer *Vormann Leiß*, die Notärzte der Nachbarinsel Amrum und die Rettungsstelle Nord in Harrislee waren im Einsatz.

Diese Übung unter möglichst realen Bedingungen war eine Premiere auf der Hallig. Ziel war es, ein gutes Funktionieren der lebenswichtigen Abläufe zwischen Feuerwehr, Sanitätsdienst und Rettungskräften sicherzustellen und Schwachstellen frühzeitig aufzudecken. Das reibungslose Zusammenspiel aller Einheiten ist an einem abgelegenen Ort wie einer Hallig besonders wichtig. *„Hier ist die Organi-sation und Koordination der Rettungseinheiten viel aufwändiger als auf dem Festland. Und der Zeitfaktor kann lebensentscheidend sein"*, erklärt Wehrführer Hartwig Binge. *„Für unsere Bewohner und die große Anzahl von Gästen, die unsere Hallig besuchen, wollen wir optimal vorbereitet sein, damit im Notfall alles läuft."*

Für die realistischen Bedingungen der Übung leistete ein eigens angereistes Team des Deutschen Roten Kreuzes unter der Leitung der Kreisbereitschaftsleiterin Monika Braczek ganze Arbeit. Die geschminkten Verletzungen wirkten täuschend echt und die Schauspieler füllten ihre Rollen perfekt aus. *„Eine Frau schrie die ganze Zeit"*, erinnert sich Krankenpfleger Frank Timrott, *„das setzt einen wahnsinnig unter Druck."* Auch sonst herrschten Bedingungen, wie sie bei realen Einsätzen anzu-treffen sind. Wegen Nebels konnte der Rettungshubschrauber nicht kommen, so dass der Seenotrettungskreuzer *Vormann Leiß* den Abtransport der Verletzten übernehmen musste. *„Wie im richtigen Leben"*, kommentierte Wehrführer Hartwig Binge, *„gerade auf den Halligen macht das Wetter oft einen dicken Strich durch die Rechnung."*

Bei der anschließenden Einsatzbesprechung zeigten sich die Beobachter zufrieden. Jens-Peter Lindner, Leiter des Rettungsdienstes Kreis Nordfriesland und Andreas Fitschen, Ausbilder im Rettungsdienst, bescheinigten den Einsatzkräften ein ab-gestimmtes Vorgehen und eine gute Versorgung der Verletzten. *„Wir haben auch mitgenommen, dass auf einer Hallig doch sehr spezielle Bedin-gungen herrschen"*, so Lindner.

Text: Jennifer Timrott, CJ

Die Hooger Feuerwehr ist auch im realen Leben immer bei der Versorgung medizinischer Notfälle im Einsatz

Zweckverband Daseinsvorsorge
Gemeinsame Lösungen für gemeinsame Aufgaben

Um in den Bereichen Gesundheit, Bildung, Arbeit, Wohnung und Soziales effizienter zusammen arbeiten zu können, gründeten die Halliggmeinden im Januar 2015 den Zweckverband Daseinsvorsorge. Das Gremium setzt sich aus den Halligbürgermeistern, dem Bürgermeister der Gemeinde Nordstrand, zu der Nordstrandischmoor gehört, sowie Vertretern der einzelnen Halligen zusammen. Erstes Themenfeld ist die medizinische Versorgung, wie der Vorsitzende Matthias Piepgras erläutert: „Die Krankenpfleger waren bisher über die Kirchengemeinden angestellt. Zunehmend hat sich gezeigt, dass es aufgrund der Neuorganisation der Arbeitsabläufe und Umsetzung arbeitsrechtlicher Aspekte sinnvoll ist, diesen Bereich über die Gemeinden zu organisieren. Das Thema der ärztlichen Versorgung muss weiter mit dem Land, dem Kreis sowie der Kassenärztlichen Vereinigung diskutiert werden. Auf Langeneß gibt es auch Dank der Unterstützung des LKN bereits regelmäßig eine ärztliche Sprechstunde. Auf Hooge haben wir dafür noch keine tragfähige Lösung gefunden."

Wichtiger Partner beim Thema Gesundheit ist die Kassenärztliche Vereinigung Schleswig Holstein (KVSH). Dazu Delf Kröger, Leiter Gesundheitspolitik der KVSH:

Sicherstellung der ärztlichen Versorgung – ist das wirklich Aufgabe der Halliggemeinden oder wäre hier die KVSH nicht stärker in der Verantwortung?

„Die Zuständigkeiten sind klar geregelt: Für den Rettungsdienst ist der Kreis zuständig, für ärztliche Versorgung die Kassenärztliche Vereinigung, für die Krankenhausplanung das Land.

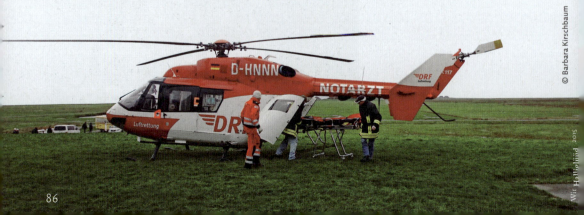

Wir nehmen unsere Aufgabe sehr ernst. Insbesondere der Erhalt der Versorgung im ländlichen Raum ist ein Schwerpunkt unserer Arbeit, denn für klassische Landarztpraxen finden sich nur schwer Nachfolger.

Die Gesundheitsversorgung ist keine Aufgabe der Gemeinden. Sie sind jedoch unverzichtbare Partner, wenn es um regionale Lösungen zum Erhalt der Versorgung geht. Deshalb führen wir intensive Gespräche mit allen Verantwortlichen, auch mit den Halligbürgermeistern."

Dank Budgetierung und fehlendem Unkostenersatz haben engagierte Ärzte wieder Abstand genommen, z. B. auf Hooge zu arbeiten. Sollte die KVSH hier nicht eher unterstützen als verhindern?

„Wir haben es in der Vergangenheit nicht blockiert, wenn Ärzte neben der bewährten Versorgung durch Hausärzte auf dem Festland zusätzliche Angebote für die Halligbewohner schaffen wollten. Auf der Hallig Langeneß gibt es regelmäßige, sehr gut angenommene hausärztliche Sprechstunden.

Das Scheitern ähnlicher Versuche auf Hooge hatte verschiedene Gründe, keineswegs nur finanzielle. So rechnen sich neue Angebote durch die politisch vorgegebene Budgetierung der Honorare vielfach nicht. Zudem haben die Ärzte, die für eine Sprechstunde auf Hooge besonders in Frage kämen, meist auf dem Festland große Praxen, also kaum Kapazitäten für weitere Aufgaben.

© KVSH

Delf Kröger
Leiter Gesundheitspolitik
der KVSH

Unsere Gremien haben einer neuen Regelung zugestimmt, die es ermöglicht, Ärzten in Sonderfällen wie der Halligversorgung einen Zuschuss zu zahlen, der ihrem besonderen Engagement eine wirtschaftliche Basis gibt. Wir führen Gespräche mit Ärzten, die sich vorstellen könnten, in einem bestimmten Rhythmus nach Hooge zu kommen. Ein großer Pluspunkt hierbei ist es, dass sie mit den Halligkrankenpflegern qualifizierte Unterstützung an ihrer Seite wüssten."

Einzigartige Natur erlebbar machen. Dafür engagieren sich die Nationalpark-Partner

Eine Idee wächst mit ihren Partnern
Das Projekt Nationalpark-Partnerschaft

Natur *„Natur sein lassen"* und dabei den Menschen mit im Blick haben – das ist die Idee der Nationalparke. Doch eine Idee kann nur so stark werden wie die Menschen, die diese Idee voranbringen. Das Projekt der Nationalpark-Partnerschaft sucht daher Unterstützer.

1985 wurde das Gebiet schleswig-holsteinisches Wattenmeer zum Schutz dieser einzigartigen Landschaft als Nationalpark ausgezeichnet. Seit 2003 gib es das Projekt der Nationalpark-Partnerschaft.

„Watt sind Nationalpark-Partner? Wir l(i)eben das Wattenmeer!"

So heißt ein Werbeslogan des Projektes, doch was steckt dahinter? Es ist eine Kooperation unterschiedlichster touristischer Betriebe mit der Nationalparkverwaltung. Wattführer, Hotels oder Reiseveranstalter können Partner werden. Aber auch Gemeinden, Naturschutzverbände und landwirtschaftliche Bio-Betriebe, die bestimmte Kriterien erfüllen. Nationalpark-Partner stehen für qualitätsbewussten und nachhaltigen Tourismus sowie gelebte Regionalität. Die Partner unterstützen den Nationalpark, indem sie ihren Gästen umfangreiche Informationen zu diesem Naturraum geben und die Region mit vielfältigen Angeboten für die Gäste erlebbar machen. Der Nationalpark führt im Gegenzug regelmäßige Fortbildungsveranstaltungen und Treffen für die Partner durch, stellt Infomaterial und Werbemöglichkeiten zur Verfügung.

© Uwe Jessel

„Ich lebe und arbeite auf einem fantastischen Fleckchen Erde mitten im Meer und Nationalpark Wattenmeer. Da war es für mich selbstverständlich, Nationalpark-Partnerin zu werden. Als Gästeführerin leiste ich meinen Beitrag zum Erhalt dieser Landschaft und unterstütze die Idee des Nationalparks. Die regelmäßigen Informationen durch das Nationalparkamt und der Austausch mit anderen Nationalparkpartnern sind eine wichtige Grundlage für meine Führungen."
Dr. Renée Oetting-Jessel, Hooge

Wer Nationalpark-Partner werden möchte, durchläuft ein dreistufiges Bewerbungsverfahren. Nach der Einsendung der Anmeldeunterlagen, erfolgt ein Vor-Ort-Termin. Somit soll sichergestellt werden, dass der zukünftige Partner gewisse Standards im Umweltschutz, in der Servicequalität und im Umgang mit seinen Gästen im Sinne des Nationalparks gewährleistet. Zuletzt entscheidet der achtköpfige Vergaberat über die Zertifizierung als Nationalpark-Partner. Der Vergaberat setzt sich aus Vertretern der Insel- und Hallig-Konferenz, der Nationalparkverwaltung und mehreren bereits etablierten Nationalpark-Partnern zusammen.

Auch das Tourismusbüro auf Langeneß und die Gemeinde Hooge gehören neben
anderen Halligbetrieben zu den Nationalpark-Partnern

150 Nationalpark-Partner betreuen 1 Million Gäste pro Jahr

Es scheint, als würde sich diese Partnerschaft bewähren. Die Zahlen sprechen für sich: mittlerweile gibt es fast 150 Nationalpark-Partner, davon
50 Nationalpark-Watt- und Gästeführer und 90 touristische Betriebe.
Rund 800 000 Besucher zählen die Nationalpark-Informationseinrichtun-
gen jedes Jahr, mehr als 100 000 Menschen nehmen an Wattführungen
der Naturschutzverbände und der Nationalpark-Wattführer teil und über
60 000 schauen sich auf begleiteten Seetierfangfahrten und Hallig-Törns
der Nationalpark-Partner-Reedereien die Meerestiere genauer an.

Neugierig geworden? Umfangreiche Informationen finden Sie unter
www.nationalpark-partner-sh.de

Text: Dr. Christiane Gätje, CJ

Neues aus dem Nationalpark

© LKN-SH / Martin Stock

Grippewelle bei den Seehunden

Im September und Oktober wurden im Wattenmeer von Dänemark und Schleswig-Holstein die ersten toten Seehunde gefunden. Zu Beginn waren vor allem die Inseln Helgoland, Sylt, Amrum und Föhr betroffen, später wurden im gesamten Wattenmeer vermehrt Totfunde registriert.

Als Verursacher konnte $H_{10}N_7$ isoliert werden, ein Grippevirus, das sowohl bei Seehunden als auch bei Vögeln auftritt. Insgesamt wurden von Oktober bis Ende Dezember 2014 circa 2 100 tote Seehunde an der schleswig-holsteinischen Nordseeküste gefunden. Inzwischen ist die Grippewelle deutlich abgeklungen.

„Wir gehen davon aus, dass die Grippe bei den Seehunden ein natürlicher Vorgang ist. Der Seehundbestand ist dadurch nicht gefährdet. Wahrscheinlich haben ca. 80 % der Tiere die Erkrankungswelle gut überstanden. Wir müssen die Regeln der Natur akzeptieren, zu denen auch das Sterben von Wildtieren gehört." sagt Dr. Detlef Hansen (Leiter der Nationalparkverwaltung).

© LKN-SH / Martin Stock

Gefahr durch Fuchs und Marder

Leider haben Fuchs, Marder und Wanderratten über die Lorendämme den Weg auf einige der Halligen gefunden, mit verheerenden Konsequenzen: Auf Oland hat sich der Brutbestand der Löffler inzwischen um mehr als die Hälfte reduziert und auf Nordstrandischmoor ging der Bruterfolg sowohl 2013 als auch 2014 gegen Null. In den kommenden Jahren soll mit vereinten Kräften versucht werden, diese Entwicklung aufzuhalten. *Prädationsmanagement* ist das Stichwort für das Programm, bei dem Behörden, Jäger, betroffene Kommunen und Naturschützer an einem Strang ziehen. Die Unterstützung aller, auch der Halligleute, ist hierbei gefragt, da auch die Ratten auf den Warften einen Teil des Problems darstellen.

© Christiane Jenemann

Wachwechsel im „Hallig-Krog" auf der Hamburger Hallig

Die letzten 14 Jahre war der Name *Hallig-Krog* fest mit dem Namen *Lätari* verbunden. *Hans Lätari* hat das Gasthaus auf der Hamburger Hallig in den letzten Jahren zu einem Aushängeschild des Nationalparks entwickelt. Als Nationalpark-Partner war er ein wichtiger Multiplikator für den Nationalpark.

Nun musste ein neuer Halligwirt gefunden werden: *Erik Brack* machte das Rennen. Brack war mehrere Jahre lang Küchenchef auf dem Kreuzfahrtschiff MS Deutschland und arbeitete auch bei uns in der Region im Romantik Hotel Altes Gymnasium in Husum. Mit dieser Vita verbindet er den Duft der großen weiten Welt mit der Bodenständigkeit Nordfrieslands. Ab Mitte März freut sich Erik Brack auf Ihren Besuch!

▶ **Multimar**
WATTFORUM

Wale, Watt und Weltnaturerbe

Ganzjährig geöffnet (außer 24.12.):
1. Apr. - 31. Okt.: 9.00 - 18.00 Uhr
1. Nov. - 31. März: 10.00 - 17.00 Uhr

Nationalpark-Zentrum Multimar Wattforum
Dithmarscher Str. 6a • 25832 Tönning
www.multimar-wattforum.de • Info-Telefon 04861 96200

WATTENMEER
WELTNATURERBE

Nationalpark
Wattenmeer
SCHLESWIG-HOLSTEIN

Geburtstagsjahr 2015

2015 ist das Jahr der runden Geburtstage: Die Biosphäre Halligen wird zehn
Jahre und der Nationalpark Schleswig-Holsteinisches Wattenmeer, mit dem
alles begann, 30 Jahre alt. Und überall im Nationalpark wird dessen 30-jähriges
Bestehen gefeiert. Von März bis September sind jeweils am 30. des Monats
Events an verschiedenen Orten geplant.
Informationen unter www.nationalpark-wattenmeer.de

© LKN-SH / Martin Stock

Brandseeschwalbe – Seevogel des Jahres 2015

Auf Norderoog brüten noch rund 3200 Paare dieser vom
Aussterben bedrohten Tiere. Brandseeschwalben, erkenn-
bar an ihren typischen silbergrauen Oberflügeln und dem
schwarzen Kopfgefieder, sind durch die industrielle
Fischerei und die zunehmenden Sturmfluten im Frühjahr
stark bedroht. Die Fluten nehmen oft die Gelege mit sich,
die Fischerei raubt ihnen die Nahrungsgrundlage. Nach der Brutzeit gehen die
Tiere auf eine weite Reise. Entlang der Atlantikküste fliegen sie bis Süd- oder
Westafrika in ihre Winterquartiere, wo sie durch die Jagd ebenfalls bedroht sind.

Immer informiert

Wer wissen möchte, was im Nationalpark noch
so alles passiert, kann sich über den Online-
Newsletter kostenlos informieren. Die seit
diesem Jahr wieder monatlich erscheinenden
Nationalparknachrichten könnten unter
www.nationalpark-wattenmeer.de/sh/newsletter
abonniert werden.

Texte: Armin Jess

Kinderrätsel

Kleine und große Piraten aufgepasst!!

Euch wäre das nicht passiert – was sich am 24.12.1870 auf dem Süderoogsand ereignet hat. Klabautermänner wie Ihr es seid, hätten das Schiff sicher nach Hause gebracht – voller Beute und vielen Seemannsgeschichten, mit denen Ihr Eure Familien im Heimathafen beeindruckt hättet ...

© Hans Joachim Kühn

Wie heißt das Schiff, dessen Wrack heute noch draußen auf dem Sand zu sehen ist?

Richtige Antworten per Flaschenpost, Post oder Mail an:
Tourismusbüro der Biosphäre Halligen,
Hanswarft 1, 25859 Hallig Hooge
oder magazin@halligen.de
Kennwort *Kinderrätsel Halligmagazin*
Einsendeschluss ist der 28. Februar 2016

Den Gewinnern hat die Firma Sigikid tolle Reiseutensilien zur Verfügung gestellt, damit Ihr perfekt ausgerüstet auf große Fahrt gehen könnt. Unter allen richtigen Einsendungen verlosen wir einen *Piratentrolley* (viel praktischer als eine sperrige Seemannskiste), einen *Piratenrucksack* (für Eure Beute!!), eine *kleine Umhängetasche* (für die Goldtaler aus Eurem Schatz), eine *Frisbee* für den Strand (auch die härtesten Kerle und Mädels müssen mal abspannen) und ein *Memory-Spiel* (falls Ihr mal lange im Zug statt mit dem Piratenschiff unterwegs seid).
www.sigikid.de

94 *Halligkinder*

Sie überstanden die große Flut 1825

Eine besondere Chronik der Hallig Langeneß

Manchmal kann es ein ungeheures Glück sein, wenn ein Fetzen Papier zur richtigen Zeit aus einem Umzugskarton fällt. So passiert in den 1980er Jahren, als Boy-Peter Andresen auf Langeneß während des Umzugs von Ludwig Andresen einen Artikel der Husumer Nachrichten aus dem Jahr 1953 fand. Der Artikel schilderte den Besuch von Studenten der Landesbauschule Eckernförde mit ihrem Dozenten Dr. Friedrich Saeftel auf der Hallig. Die Studenten wollten 1952/1953 die Hallighäuser in ihrer Bausubstanz erfassen und zeichneten diese akribisch ab. Jedes Haus auf jeder Warf. Dabei stellten sie fest, dass ein Haus auf Bandixwarf, sowie das alte Pastorat auf der Kirchhofwarf zu den wenigen Häusern gehörten, die die große Halligflut 1825 überstanden hatten.

„Wir haben auf der Hallig zwei Zeitrechnungen"

„Wir haben auf der Hallig zwei Zeitrechnungen", erzählt Boy, „einmal vor und nach Christi Geburt wie alle. Für uns gibt es aber auch die Zeitrechnung vor und nach der Halligflut." Wenn man die Zahlen aus dem Jahr 1825

ansieht, wird es verständlich, warum diese Februartage so einschneidend für die Halligbewohner waren. Gut zwei Drittel der gesamten Hallighäuser wurden durch die Flut unbewohnbar, ca. 80 Häuser wurden vollständig zerstört. 74 Halligbewohner ertranken, 30 allein auf Langeneß.

Sie überstanden die große Flut 1825
Verlag Nordfriisk Institut Bredstedt
ISBN 978-3-88007-382-1, 29,90 €

Halligpastor Heinrich Jes Petersen
fotografierte 300 Portraits der
Langenesser Bewohner

Erst 25 Jahre später wurde Boy, damals Halligbürgermeister, beim Aufräumen des Schulbodens wieder an den Artikel erinnert. In alten Akten wurde der Besuch der Studenten auf der Hallig ausführlich geschildert.

Als 2007 die Bauschule Eckernförde nach Lübeck umziehen sollte, griff Boy beherzt zum Telefon – vielleicht würde man die alten Zeichnungen der Häuser finden? Und tatsächlich: die 62 großformatigen Blätter mit insgesamt 128 Zeichnungen kamen zum Vorschein. Häuseransichten, Grundrisse, Quer- und Längsschnitte, was für einma lige Dokumente.

2009 erhielt Boy aus dem Nachlass von Tyge Petersen, Sohn des Halligpastors Heinrich Jes Petersen, einen weiteren Schatz. In den Jahren 1935 bis 1941 fotografierte der Halligpastor jeden Halligbewohner vom Kind bis zum Greis. Entstanden sind 300 Portraits. Großteils Bilder der Menschen, die damals in den Häusern gewohnt haben, als die Zeichnungen angefertigt wurden. Zusammenbringen, was zusammengehört – die Buchidee war geboren.

Reise in die Halliggeschichte

Es war ein langer Weg bis zur Buchvorstellung auf Langeneß am 7. September 2014, aber er hat sich gelohnt. Was Boy, Mitautor Gerd Kühnast, sowie Gestalterin Stefanie Silber zusammengetragen und in gelungenem Layout in Buchform gebracht haben, ist ein einmaliger Blick in die Halliggeschichte. Beim Blättern gelangt man von Warf zu Warf, trifft jeden Bewohner, sei es im Garten, bei der Arbeit oder festlich in Pose gesetzt für den damaligen Fototermin. Ein historisches, aber keineswegs staubtrockenes Zeitdokument, das den Leser auf eine Reise in die Halliggeschichte mitnimmt.

Gefördert wurde das Projekt durch die IG Baupflege, die Stiftung Nordfriesische Halligen, Gerd Kühnast (Beseler-Preis), die Gemeinde Langeneß, die Sparkassenstiftung Schleswig Holstein und die Stiftung Vermächtnis Johan van Wouwer. Erschienen ist das Buch im Verlag des Nordfriisk Instituts Bredstedt.

Autor Boy-Peter Andresen
mit Ehefrau Heinke.

Gospel meets Hallig

© Konscha Schostak

Wer am 22. Juni 2014 auf Langeneß im Gottesdienst war, bekam Stimmgewaltiges zu hören. Die Teilnehmer des ersten Hallig-Gospelworkshops präsentierten ihre Gesänge, die sie in Rekordzeit erarbeitet hatten.

Alles fing mit der Idee des Ortskulturringes an, einen Gospelworkshop für Halliglüüd und Gäste anzubieten. Insgesamt 42 Sängerinnen und Sänger im Alter von 8 bis 65 Jahren folgten der Einladung auf die Hallig.

Geleitet wurde der Workshop von der aus Baltimore (USA) stammenden Flois Knolle-Hicks, erprobte Kirchenmusikerin und Chorleiterin. Partymäßiges Geklatsche á la Hollywood und Sister Act wurde jedoch nicht geboten. Flois Knolle-Hicks hat den Ursprung der Spirituals im Blick, wie sie auf ihrer Home-page schreibt: *Vom Leben singen, zeigen, dass die Liebe stärker ist, von der Freiheit singen, singen, damit die Hoffnung wächst und der Mut; singend den Widerstand einüben*. Wohl ein zeitlos aktuelles Thema.

Der Begriff Workshop wurde ohne Abstriche umgesetzt. 14 vierstimmige Lieder wurden in eineinhalb Tagen eingeübt. Die Mischung aus Hallig, Urlaubs-stimmung und Gospels schaffte eine nachhaltige Atmosphäre. *„Danke, dass wir in Euer Leben schauen durften"*, resümierte eine Teilnehmerin.

Möglich war diese Veranstaltung durch die Organisation des Ortskultur-ringes, viele helfende Hände auf der Hallig und der Unterstützung der NOSPA Kulturstiftung, der VR-Bank Niebüll und der Kulturstiftung des Kreises Nord-friesland. Danke!

Interessierte Sänger dürfen sich freuen: 2015 soll es wieder einen Gospel-Workshop geben. Ansprechpartnerin ist Rina Strubel unter halligjan-herdt@t-online.de oder telefonisch: 0 46 84 - 231.

Text CJ

Die Biosphäre auf dem Kultur 21 Festival

Grasboden, der nach Wermuth riecht, strahlend blauer Himmel, Vogelstimmen und Gänsegeschnatter – das musste eine Hallig sein. Doch in diesem Fall befand sich die Hallig nicht im Wattenmeer, sondern im *NordseeCongressCentrum* in Husum und war Teil des Kultur 21 Festivals, das der Kreis Nordfriesland im September 2014 das erste Mal veranstaltete.

Diese, mit einer Größe von 1,3 m² auch definitiv kleinste Hallig der Welt, gehörte zum Multimedia-Projekt *Wieviel Nordfriesland passt in eine Box?*, das von Thordis Krieger (www.deichticker.de) initiiert wurde: „Das Kultur 21 Festival war eine tolle Gelegenheit, zu zeigen, wieviel kreatives Potential in Nordfriesland steckt, sowohl in den Menschen als auch in den landschaftlichen Motiven und der friesischen Lebensart." Die Biosphärenbox war Teamarbeit. Der Grasboden wurde von Familie Kruse von Nordstrandischmoor geliefert, Erco Lars Jacobsen von Hooge fing die Halligklänge ein und die Schutzstation Wattenmeer auf Hooge stiftete ein Brut- und Rastgebiet-Schild. Helmut Wiege von Langeneß lieferte das Panoramabild, und wir als Redaktionsteam des Halligmagazins durften Entwurf und Umsetzung der Box in Angriff nehmen.

Da die Box nicht nur klein, sondern auch mobil ist, wird sie zukünftig als Biospährenbotin an unterschiedlichen Orten zu sehen sein – für das Halliggefühl zwischendurch.

Für die einen ist es eine Box, für die anderen die kleinste Hallig der Welt

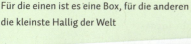

© Thordis Krieger

© Ralf Schnarrenberger

Geschmorte Lammhaxen

© Malte Karau

Zutaten für 4 Personen
4 Lammhaxen (à ca. 400 g)
4 Knoblauchzehen
4 Möhren (ca. 400 g)
½ Sellerie (ca. 150 g)
3 große Zwiebeln (ca. 200 g)
3 Zweige Thymian
2 Zweige Rosmarin
Salz
Pfeffer
4 EL Olivenöl
2 TL Tomatenmark
200 ml Rotwein
800 ml Lammfond
2 TL Speisestärke

Lammhaxen mit einem scharfen Messer von Haut und Sehnen befreien. Anschließend abspülen und trockentupfen.

Ungeschälte Knoblauchzehen mit einer Messerklinge leicht zerdrücken.

Möhren putzen, waschen, schälen und in grobe Stücke schneiden.

Die Zwiebeln schälen und grob würfeln. Thymian und Rosmarin waschen und trockenschütteln.

Lammhaxen salzen und pfeffern. In einem großen Bräter das Olivenöl erhitzen. Die Haxen darin rundherum kräftig anbraten und herausnehmen.

Knoblauch, Möhren, Zwiebeln und Sellerie in den Bräter geben und unter Rühren anbraten. Tomatenmark und Kräuterzweige zufügen und kurz mitbraten. Rotwein dazugießen und einkochen lassen.

Haxen auf das Gemüse legen. 400 ml Lammfond zugeben und zum Kochen bringen. Im vorgeheizten Backofen bei 175 °C (Umluft 150 °C; Gas: Stufe 2) auf der 2. Schiene von unten 2–2 1/2 Stunden schmoren, dabei nach und nach restlichen Fond zufügen.

Lammhaxen aus dem Bräter nehmen, in Alufolie wickeln und im ausgeschalteten Ofen warm halten. Das Selleriegrün hacken.

Bratenfond durch ein Sieb in einen Topf gießen, das Gemüse dabei etwas ausdrücken. Stärke mit wenig Wasser glattrühren und die Sauce damit binden. Haxen aus der Folie nehmen, wieder in den Bräter geben und mit der Sauce anrichten. Mit Selleriegrün garnieren.

Eierlikörtorte

Bisquitboden

Eier und 250 g Zucker schaumig rühren. Mehl, Speisestärke, sowie das Backpulver zusammenmischen und unter die Eier-Zucker-Mischung rühren. Den Teig in eine Springform füllen und bei 160°C ca. 35 Minuten backen.

Füllung

Gelatine in kaltem Wasser einweichen. 1 Liter Sahne mit 100 g Zucker steif schlagen, die Sahne teilen. In die eine Schüssel Instant-Kaffee-Pulver mit den Schokoladenraspeln dazugeben und vermengen. In die zweite Schüssel Sahne 150 – 200 ml Eierlikör geben und unterrühren. Die im Wasser aufgeweichte Gelatine bei kleiner Flamme im Topf mit 2 EL von der Eierlikörsahne gut auflösen, anschließend unter den Rest der Eierlikörsahne rühren

„Tortenbau"

Den Biskuitboden in drei gleiche Teile schneiden. Den ersten Boden auf eine Tortenplatte legen und einen Tortenring darum legen. Boden mit Eierlikör beträufeln und die Kaffee-Sahne-Creme darauf verteilen. Den zweiten Boden darauf legen und ebenso mit Eierlikör beträufeln. Anschließend die Eierlikör-Sahne darauf geben und den letzten Boden darauf legen. Die Torte min. 3 Stunden kalt stellen. 0,5 l Sahne mit 1 Pck.Vanillezucker steif schlagen und die Torte damit einstreichen. Mit Schokoraspeln am Rand, Eierlikör und Kaffee-Schoko-Bohnen oben drauf verzieren.

Viel Spaß und gutes Gelingen

Zutaten

8 Eier

350 g Zucker

150 g Mehl

150 g Speisestärke

1 Pck. Backpulver

6 Blatt Gelatine

1,5 l Sahne

2 EL Instant-Kaffee

150 – 200 g Schokoladenraspeln

500 ml Eierlikör

1 Pck. Vanillezucker

12 Kaffee-Schokobohnen

Rezepte von Virginia und Malte Karau,
Anker's Hörn, *Langeneß*

Willkommen
im Halligleben

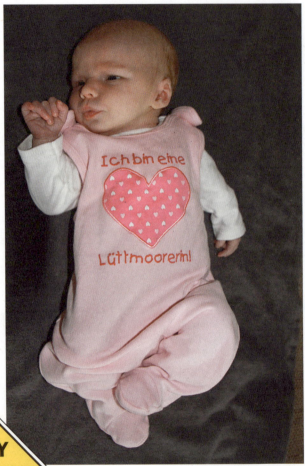

Emma Kruse

18. August 2014, Nordstrandischmoor

Kerstin (geb. Kuhnke) und Matthias Bendixen mit Tochter Marie

17. Mai 2014, Hooge

Martha Paulsen

geborene Petersen

14. Februar 1924 – 14. April 2014

Ketelswarf

Langeneß

Dagmar Paulsen

geborene Tiedemann

24. April 1964 – 8. November 2014

Ketelswarf

Langeneß

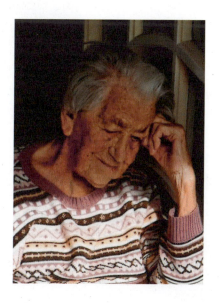

Anna Helena Westphalen

geborene Ahe

23. Oktober 1908 – 2. Oktober 2014

Oland

Erwin Lorenzen

13. Februar 1933 – 12. Juli 2014

Süderhörn

Langeneß

© LKN-SH

Über den Tellerrand schauen und voneinander lernen – vom 24. bis 26. September 2014 traf sich die *Arbeitsgruppe der Biosphärenreservate Deutschlands* auf Hooge. Die Arbeitsgruppe dient dem Austausch der Biosphärenverwaltungen untereinander sowie der Weiterentwicklung der Biosphärengebiete.

© Andreas Halle

Am 11. Dezember 2014 überreichte der Verein Küste gegen Plastik e.V. Umweltminister Robert Habeck eine *Petition gegen* die kostenlose Abgabe von *Plastiktüten.* 3092 Menschen hatten die Aktion unterstützt, um die Verschmutzung des Meeres durch Plastikmüll zu reduzieren.

© Hannelore Nissen

Er ist das typische Fortbewegungsmittel der Langenesser Gäste: der *Hallig-Express.* Seit Saisonbeginn 2014 hat Peter Schnor (Mitte) die Aufgabe des Fahrers übernommen. Bruno Petersen (links) ging nach 43 Jahren in den wohlverdienten Ruhestand.

© Mareke Müller

Seit August 2014 ist Thorsten Junker der neue **Hafenmeister** auf Hooge. Wir freuen uns, dass er mit seiner ganzen Familie auf die Hallig gezogen ist. Seine beiden Söhne bescherten der Halligschule einen Schülerzuwachs von 33 %.

Zu den Halligen und Inseln

...dienste mit Fährschiffen zu den Inseln Föhr, Amrum und den ...n, Ausflugsfahrten, Busverkehre auf Föhr und Amrum.

...0 46 67) 940 30   www.faehre.de

Fahrplan Hauptsaison 28.3.-31.10.2015

Niedrigwasser/Sturm: Aktuelle Infos zu Fahrplanänderungen unter www.faehre.de

Linienbus*		
Bredstedt Bhf ab	8:56	16:56
Schlüttsiel an	9:16	17:16

M/S Hilligenlei		
Schlüttsiel ab	10:00	17:35
Hooge	11:15 a	18:50
Langeneß	12:00 a	19:35
Amrum an	13:00 a,b	

M/S Hilligenlei		
Amrum ab		14:15 b
Langeneß	7:30	15:15
Hooge	8:00	15:45
Schlüttsiel an	9:25	17:15

Linienbus*		
Schlüttsiel ab	9:30	17:30
Bredstedt Bhf an	9:52	17:52

a Abweichende Zeiten von den Halligen nach Amrum (27.6.-6.9.): Mi 12:00 ab Langeneß zurück nach Hooge und 13:15 ab Hooge nach Amrum
b nur Sa, So, Di, Do und täglich 27.6.-6.9.

Nebensaison 14.12.2014-27.3.2015 | 1.11.-12.12.2015

Niedrigwasser/Sturm: Aktuelle Infos zu Fahrplanänderungen unter www.faehre.de

	Di	Do	Fr	Sa	So
Linienbus*					
Bredstedt Bhf ab	8:56	8:56	16:56	16:56	11:54	16:06
Schlüttsiel an	9:16	9:16	17:16	17:16	12:14	16:26
M/S Hilligenlei					
Schlüttsiel ab	10:00	10:00	17:35	17:35	12:15	16:45
Hallig Hooge	11:15	11:15	18:50	18:50	13:30	18:00
Hallig Langeneß an	12:00	12:00	19:35	19:35	14:15	18:45
Hallig Langeneß ab	14:30	7:30	15:15	15:15	10:00	14:30
Hallig Hooge	15:00	8:00	15:45	15:45	10:30	15:00
Schlüttsiel an	16:25	9:25	17:15	17:15	12:00	16:25
Linienbus*					
Schlüttsiel ab	16:30	9:30	17:30	17:30	12:30	16:30
Bredstedt Bhf an	16:52	9:52	17:52	17:52	12:52	16:52

24./31.12.2014 10:00 ab Schlüttsiel zu den Halligen, 12:00 ab Langeneß über Hooge nach Schlüttsiel · 25.12.2014 + 1.1.2015 wie Fr
23.2.–12.3.2015 keine Fahrzeugbeförderung, Frachtbeförderung nur in **kleinen Mengen** nach vorhergehender Anmeldung.

Linienbus* Gruppen müssen grundsätzlich unter Telefon (04671) 3003 angemeldet werden.

Dit un Dat Ausgabe 2015

Händleranfragen bitte an bestellung@halligmagazin.de

Herausgeber
Biosphäre Halligen
Geschäftsstelle
Geschäftsführerin: Natalie Eckelt
c/o Insel- und Halligkonferenz e.V.
Mühlenweg 10
25938 Midlum auf Föhr
info@halligen.de
www.halligen.de

Kontakt magazin@halligen.de

Hergestellt und erschienen in der
Bundesrepublik Deutschland

V. i. S. d. P. Ruth Hartwig-Kruse
und Matthias Piepgras, Vorsitzende
der Halliggemeinschaft Biosphäre

Gesamtredaktion
Dr. Christiane Jenemann *CJ*

Gestaltung und Herstellung
.ralf schnarrenberger *RS*
www.schnarrenberger.com

Gestaltungskonzept
Stefanie Silber www.silbergestalten.de
Lektorat Noemi Wannenmacher
Plattdeutsch-Berater Boy-Peter Andresen
Fotografie, Bildnachweis
Cover, S. 4/5, S. 6/7: Helmut Wiege (halligbilder.de);
S. 26/27: Manuela Warstat; S. 80/81: Christiane
Jenemann; S. 104 re. und li.: Heinz Paulsen, S. 105 li:
Eike Domeyer, S. 105 re: Lieselotte Westphalen
Halligkarte Ralf Schnarrenberger
Illustration S. 102: anja.meisinger@alice.de
Schriften Auto und Fabiol
Internet Jürgen Vrinssen
Repro Richard EBV, Haibach
Druck und Verarbeitung Druckerei Lokay,
Reinheim. Dieses Heft wurde in einem klima-
neutralen Druckprozess mit Farben aus nachwach-
senden Rohstoffen bei einer EMAS-zertifizierten
Druckerei hergestellt.

Papier Circleoffset Premium White 100 g/m²
von Igepa. Das Papier besteht zu 100 % Prozent aus
Recyclingpapier.

ISBN 978-3-941156-21-0

Danke

Es ist immer ein aufregender Weg von der ersten Idee bis zur fertigen Magazin-
ausgabe. Die Arbeit an *Wir Halliglüüd* ist etwas Besonderes, verrät doch jede
Seite etwas Persönliches über die Halligen. Beeindruckend, wie viele Menschen
wieder engagiert dabei waren: Halligbewohner aller ganzjährig bewohnten Halligen, alle Halligschulen, die Schutzstationen Wattenmeer Hooge und Langeneß,
das Umweltministerium und das Ministerium für Inneres und Bundesangelegenheiten Schleswig-Holstein, das Nationalparkamt, der Landesbetrieb für Küstenschutz, Nationalpark und Meeresschutz Schleswig-Holstein (LKN-SH), der Kreis
Nordfriesland, die Insel- und Halligkonferenz, das Zentrum für Niederdeutsch,
die Ev.-Luth. Kirchengemeinde Nordfriesland, die kassenärztliche Vereinigung
Schleswig-Holstein, der Wasserverband Nord, Schleswig-Holstein Netz und
viele mehr, die mit ihren Ideen und Beiträgen das Magazin bereichert haben.

Herzlichen Dank an Helmut Wiege, der mit seinen Halligbildern den Augen
beim Blättern viele schöne Momente geschenkt hat und Thomas Richard, unserem Bilderzauberer. Unser besonderer Dank gilt zum Abschluss Stefanie Silber,
die sehr viel Herzblut in die ersten beiden Ausgaben des Halligmagazins gesteckt
und deren kreative Handschrift das Magazin geprägt hat.

Danke für dieses biosphärische Miteinander!

© Mirko Honnens

Redakteurin *Dr. Christiane Jenemann*
und Gestalter *Ralf Schnarrenberger* in der
Halliglüüdbox auf dem Kultur 21 Festival
in Husum.

Rückmeldungen?
Unter *redaktion@halligmagazin.de* erreichen Sie uns

Kultur auf den Halligen 2015 Konzerte

© Helmut Wiege

**Alle Konzerte finden
in diesem Jahr
auf Langeneß statt.**

3. Juli 2015

WIngenfelder

Die Wingenfelder-Brüder präsentieren
neue Songs und Klassiker ihrer ehema-
ligen Band *Fury in the Slaugtherhouse*.

Künstlerfotos © Kultur auf den Halligen

5. September 2015

Pohlmann

Ein Mann, eine Gitarre,
tolle Musik. Lassen Sie
sich überraschen.

14. und 15. Mai 2015

Ray Wilson

Der Ex-Frontmann von GENESIS
präsentiert die größten Hits der Band-
geschichte. Von *„Follow you, follow me"*
bis *„No sone of mine"* ist alles dabei.

4. Juli 2015

Baltic Sea Child

Der Groove vom Vorabend geht weiter.
Feinster Irish Folk mit Musikern von
Tears of Beers und der Stimme von *Fury
in the Slaughterhouse*.

5. und 6. Juni 2015

Torfrock

Die Bagaluten kommen zurück! Volles
Rohr voraus, Torfmoorholm ist überall.
Für den Abend gilt: Lasst es kesseln!

15. August 2015

Christian Steiffen

Das Bernsteinzimmer der guten Musik.
Seine Hymnen wie *„Ich hab die ganze
Nacht von mir geträumt"* sollte man
kennen.

Überfahrt zu den Halligen

15.00 Uhr Abfahrt mit der MS Seead
ab Fährhafen Schlüttsiel, 16.30 Uhr
Ankunft. Zwischen 17.30 und 19.30 U
Grill- und Salatbuffet (13,−).
20.00 Uhr Konzertbeginn,
ca. 22.30 Uhr Rückfahrt ans Festland

Mehr Informationen unter

www.kulturaufdenhalligen.com

Wir Halliglüüd 2015

© Helmut Wiege

18. April bis 3. Mai 2015

Ringelganstage auf den Halligen

Hallig Hooge

11. April 2015 Konzert eines Barock-Ensembles mit Ulrike Hennecke (Querflöte) und Michael Nestler (Cello) sowie weiteren Musikern in der Halligkirche

12. April bis 03. Mai 2015 Ringelganstage auf den Halligen, detailliertes Programm www.ringelganstage.de

22. bis 26. April und 30. April bis 03. Mai 2015 Yogaferien auf der Hallig mit Katja Thomsen Anmeldung unter www.yogaammeer.de

30. April 2015 Tanz in den Mai

2. Mai 2015 Konzert für Violine und Orgel „Zauber der Musik" in der Halligkirche

16. Mai 2015 „Teepunsch & Meer" mit dem Literaturinterpreten Barney B. Hallmann in der T-Stube

24. Mai 2015 Pfingstkonzert mit dem Lübecker Bläserquintett in der Halligkirche

6. Juli 2015 Konzert „Heavy Classic" mit Malte Vief in der T-Stube

14. Juli 2015 Gitarrenkonzert mit Roger Christao Adao in der Halligkirche

1. August 2015 Schleusenfest mit Opti-Regatta am Hallighafen

28. bis 30. August 2015 Aquarellkurs „Weite im Stift – Weite im Blick" mit Sonja Jannichsen Anmeldung unter www.malen-am-meer.de

1. September 2015 Festliches Konzert für Orgel und Trompete in der Halligkirche

8. September 2015 Gitarrenkonzert mit Wolfgang Meier in der Halligkirche

5. Oktober 2015 Konzert mit Fil Campbell & Tom Mc Farland im Gasthaus „Zum Seehund", Hanswarft

Hallig Langeneß

5. April 2015 Friesenfest

11. Juli 2015 Rixwarffest

8. August 2015 Museumsmarkt

Weitere Termine

unter www.hooge.de oder www.langeness.de

Dagebüll

Nordsee

Föhr

Oland

Schlüttsiel

Hunnenswarf
Honkenswarf
Kirchwarf   Peterhaitz   Bandixwarf
Langeneß   Ketelswarf   Neuwarf
Norderhörn   Christianswarf   Petersswarf
Mayenswarf   Süderhörn   Tadenswarf
Neu-Peterswarf   Treuberg   Tamenswarf
        Kirchhofswarf
Halgewarf
Rixwarf   Hilligenley

Gröde
Knudtswarf
Schulwarf
Habel

Amrum

Hamburger Hallig

Westerwarf   Ipkenswarf
Pohnswarf   Backenswarf
Volkertswarf   Kirchwarf   Hooge
Lorenswarf   Ockelützwarf
Mitteltritt   Hanswarft
Japsand   Ockenswarf

Nordstrandischmoor
Norderwarft   Amalienwarft
Halberweg   Niewarft

Norderoogsand

Norderoog

Pellworm

Nordstrand

Süderoog

Süderoogsand

Süderfall

Sylt

Hamburg

- - - Ausflugsschifffahrt
——— ganzjährige Linienverbindung
- - - Lorendamm

Eiderstedt